前言 PREFACE

中等职业教育担负着培养德智体美劳全面发展的高素质劳动者和技术技能型人才的任务，是国民教育体系的重要组成部分。为进一步深化中等职业学校课程改革，提升教育质量，教育部于 2020 年 2 月颁布了中等职业学校思想政治、语文、历史三科课程标准，完善了课程设置，优化了结构体例，改变了我国中等职业教育长期以来有教学大纲而无课程标准的局面。

《心理健康与职业生涯》一书以课程标准为依据，坚持立德树人的育人导向，围绕课程核心素养，梳理出社会发展对中职学生心理素质、职业生涯发展提出的新要求，以及心理和谐、职业成才的培养目标；通过丰富的栏目阐释心理健康与职业生涯知识，引导学生树立心理健康意识，掌握心理调适和职业生涯规划的方法。

本书共六章，主要内容包括时代导航、生涯筑梦，认识自我、健康成长，立足专业、谋划发展，和谐交往、快乐生活，学会学习、终身受益，规划生涯、放飞理想，旨在帮助学生正确处理生活、学习、成长和求职就业中遇到的问题，培育学生自立自强、敬业乐群的心理品质和自尊自信、理性平和、积极向上的良好心态，根据社会发展需要和学生心理特点进行职业生涯指导，为中职学生职业生涯发展奠定基础。

本书栏目丰富，包括"学习导航""课程导入""知识卡片""走近生活""小讨论""小故事""情境感悟""活动平台"。这些栏目是正文内容的有机组成部分，为学生提供了思考问题的方向和切实可行的活动方案。

本书具有较强的互动性和实践性。"学习导航"提示章节重点；"课程导入"以典型的故事或案例开头，引发学生思考，顺势导入本章知识；"知识卡片"对相关概念、名词、观点做进一步引申、拓展和说明，能够辅助教师进行知识的讲解，有效激发学生的学习兴趣,拓宽学生的知识面,加深学生对重点和难点的理解;"走近生活""小讨论""小故事""情境感悟""活动平台"栏目能够激发学生思考,活跃课堂气氛,让学生在学完理论知识后有针对性地巩固所学,实现理论与实践的结合。

由于编者水平有限,书中难免有不足之处,恳请广大读者批评指正。

编　者

心理健康与职业生涯

《心理健康与职业生涯》编写组 编

中国石油大学出版社
CHINA UNIVERSITY OF PETROLEUM PRESS

山东·青岛

图书在版编目(CIP)数据

心理健康与职业生涯/《心理健康与职业生涯》编写组编. -- 青岛:中国石油大学出版社,2020.10(2022.8 重印)

ISBN 978-7-5636-6870-0

Ⅰ.①心… Ⅱ.①心… Ⅲ.①心理教育—健康教育—中等专业学校—教材 ②职业选择—中等专业学校—教材 Ⅳ.①G444 ②G717.38

中国版本图书馆 CIP 数据核字(2020)第 178551 号

如有印装质量问题,请与中国石油大学出版社发行部联系。

服务电话:400-615-1233

书　　名:心理健康与职业生涯

　　　　　XINLI JIANKANG YU ZHIYE SHENGYA

编　　者:《心理健康与职业生涯》编写组

策划编辑:师丽华

责任编辑:隋　芳　刘洪恩

责任校对:马振法

封面设计:刘文东

出 版 者:中国石油大学出版社

　　　　　(地址:山东省青岛市黄岛区长江西路 66 号　邮编:266580)

网　　址:http://cbs.upc.edu.cn

电子邮箱:uppbook@upc.edu.cn

排 版 者:华腾教育排版中心

印 刷 者:三河市骏杰印刷有限公司

发 行 者:中国石油大学出版社(电话　010-88433760)

开　　本:787 mm×1 092 mm　1/16

印　　张:10.25

字　　数:230 千字

版 印 次:2020 年 10 月第 1 版　2022 年 8 月第 4 次印刷

书　　号:ISBN 978-7-5636-6870-0

定　　价:29.80 元

《心理健康与职业生涯》
编写组

主　编　张晓婷　遵义市播州区中等职业学校

副主编　简兴云　开阳县职业技术学校

　　　　祁光耀　临夏现代职业学院

　　　　黄庆芬　禄丰县职业高级中学

目录 CONTENTS

第一章

时代导航　生涯筑梦

📦 **学习导航**

（1）理解社会发展是实现人生梦想的客观条件。

（2）了解个人职业梦想与社会发展的关系。

（3）理解职业生涯规划的重要性。

✌ **课程导入**

方向比努力更重要

有一位著名的美国科学家进行了这样一项十分有趣的实验：他在两个玻璃瓶里分别放进了 5 只苍蝇和 5 只蜜蜂，然后将玻璃瓶的底部对着有光源的一方。几个小时之后，科学家发现，那 5 只蜜蜂全部都死了，而 5 只苍蝇早就在玻璃瓶口找到了出路。

经研究发现，蜜蜂通过经验认定有光源的地方才是出口，它们不停地重复这种合乎逻辑的行为。对蜜蜂来说，玻璃是一种超自然的神秘之物，它们在自然界中从来没遇到过这种不可穿透的"大气层"，这种障碍让它们无法接受和不可理解。它们每次朝光源飞，都用尽了力量，被撞后还是不吸取教训，失败后仍继续撞向同一个地方，同伴们的牺牲并不能唤醒它们的觉悟，它们依旧朝那个有光源的方向拼命挣扎，最终导致死亡。而那些苍蝇对事物的逻辑毫不留意，全然不顾亮光的吸引四下乱飞，结果误打误撞地碰上了好运气。

其实，生活中类似蜜蜂和苍蝇这样的事例不少。许多人选定一个方向后为之坚持不懈地努力，尽管结果事与愿违，可他们仍不愿放弃，他们认为自己是智者，自己选的方向总没错，而事实上这个错误的方向让他们的一生都活在失败中；也有些人在意识到失败后，仔细分析，调整努力的方向，不断尝试，最终获得了成功。

（资料来源：http://www.360doc.com/content/17/1210/17/30398636_711853876.shtml，有改动。）

第一节　树立符合时代要求的职业理想

社会是职业的社会，每个人的职业理想都不是一成不变的，会随着时间、空间的变化而变化；不同时代背景下，每个人的职业理想也是不同的，因为社会在发展，职业也会有产生、发展、消亡的过程。每个人都有自己的际遇和机缘，都要在自己所处的时代条件下谋划人生、创造历史。

一、职业理想的含义和特点

职业理想是指人们在一定的世界观、人生观和价值观的指导下，对其未来所从事的职业及事业上获取成就的追求和向往；是人们在职业上依据社会要求和个人条件，凭借想象确立的奋斗目标。

（一）职业理想的含义

职业理想是人们实现个人生活理想、道德理想和社会理想的手段，并受社会理想的制约。职业生活占人生的绝大部分，而且人们对未来的追求和向往都要通过职业活动来实现。人具有主观能动性，并不是被动地通过职业活动来满足生存的需要，而是能够理性地、自觉地规划自己的物质生活和精神生活，把职业活动作为实践对象并设定追求和奋斗的目标。一个人选择什么样的职业及为什么选择某种职业，通常都是以其职业理想为出发点的，一旦在心目中有了自己认为理想的职业，人们就会依据职业理想的目标去规划自己的学习和实践，并为获得自己认为理想的职业而进行各种准备。

（二）职业理想的特点

职业理想是以客观发展的可能性，以一种历史的必然趋势来展示明天的现实。理想与空想、幻想不同。空想尽管也是人们对未来的一种想象，却是脱离实际的主观臆想，是不可能变为现实的；幻想虽然反映了人们的一定需要和愿望，但一般离现实较远，不表现为人们确定的追求目标；职业理想则是建立在现实可能的基础之上，反映人们对职业愿望和需求的有形化的构想。职业理想同奋斗目标相联系，是人们对未来美好现实的向往和追求。职业理想具有差异性、发展性、社会性和时代性。

1. 差异性

职业理想具有差异性。职业多种多样，每个人的思想品德、知识结构、能力水平、兴趣爱好等都会影响个人的职业选择，其中政治思想觉悟、道德修养水准、人生观等决定着一个人职业理想的方向，知识结构、能力水平决定着一个人职业理想的层次，兴趣爱好等非智力因素也影响着一个人的职业选择。

2. 发展性

职业理想具有发展性。一个人职业理想的内容会因时因地因事的不同而变化。随着年龄的增长、社会阅历的丰富、知识水平的提高，职业理想会由模糊变得清晰，由幻想变得理智，由波动变得稳定。

3. 社会性

职业理想具有社会性。每个职业都有其特有的社会责任，每个人都会通过一定的职业履行对社会应尽的义务，在一定职业活动中承担特定的职责。

4. 时代性

职业理想具有时代性。职业理想是一定的生产方式及其所形成的职业地位、职业声望在一个人头脑中的反映。人们的职业追求目标会因生产力发展水平、社会实践的深度与广度的不同而不同。

知识卡片

中国制造目标

《中国制造2025》是中国实施制造强国战略第一个十年的行动纲领，以推进智能制造为主攻方向，以满足经济社会发展和国防建设对重大技术装备的需求为目标，强化工业基础能力，提高综合集成水平，完善多层次多类型人才培养体系，促进产业转型升级，培育有中国特色的制造文化，实现制造业由大变强的历史跨越。

《中国制造2025》提出，坚持"创新驱动、质量为先、绿色发展、结构优化、人才为本"的基本方针，坚持"市场主导、政府引导，立足当前、着眼长远，整体推进、重点突破，自主发展、开放合作"的基本原则，通过"三步走"实现制造强国的战略目标：第一步，到2025年迈入制造强国行列；第二步，到2035年中国制造业整体达到世界制造强国阵营中等水平；第三步，到中华人民共和国成立一百年时，综合实力进入世界制造强国前列。

二、职业理想的作用

社会生活是一个整体，各行各业的正当工作都是不可缺少的。工人、农民、科学家、教师、医生等职业没有高低贵贱之分，都关系着社会的发展，每个人都在自己平凡的岗位上对社会的发展起着积极的推动作用。

（一）职业理想对人生发展的作用

树立正确的职业理想是进行职业生涯规划的重要一步，这不仅有助于求职择业的成功，而且有助于就业后在职业岗位上施展才华，最大限度地实现自己的人生价值。职业理想与人生理想紧密相连，它是推动人们求职就业、就业后取得事业的成功、实现社会理想和个人生活理想的巨大动力。

1. 职业理想的导向作用

理想是前进的方向，是心中的目标。人生发展的目标是通过职业理想来确立的，并最终通过职业理想来实现。俄国作家托尔斯泰（Tolstoy）曾说过："理想是指路的明灯，没有理想，就没有坚定的方向；没有方向，就没有生活。"作为一名中职学生，一旦学习目标不明确，学习的热情就会低落，学习的效果就不明显。因此，有了明确的、切合实际的职业理想，再经过努力奋斗，人生发展目标必然会实现。

小故事

职业与理想

三名工人在建筑工地上砌墙，有人问他们在做什么。

第一个工人悻悻地说："没看到吗？我在砌墙。"

第二个人认真地回答："我在建大楼。"

第三个人快乐地回应："我在建一座美丽的城市。"

十年以后，第一个工人还在砌墙，第二个工人成了建筑工地的管理者，第三个工人则成了这个城市规划部门的工作人员。

在同一条起跑线上，态度决定一切。成功的人总是目光远大，有理想，有自己的人生奋斗目标，不会只看到眼前的困境而碌碌无为。

2. 职业理想的调节作用

一个人只要树立正确的职业理想，无论在顺境或逆境中，都会奋发进取，勇往直前。职业理想在现实生活中具有参照物的作用，它指导并调整着我们的职业活动。当一个人在工作中偏离了理想目标时，职业理想就会发挥纠偏作用，尤其当在实践中遇到困难和阻力时，如果没有职业理想的支撑，就会心灰意冷、丧失斗志。此外，如果一个人只把自己的追求定位在找到"好工作"上，即使将来有实现的可能，也不能算是崇高的职业理想，因为这样的理想一旦实现，他就会不思进取，甚至虚度年华。

3. 职业理想的激励作用

职业理想源于现实又高于现实，它比现实更美好。为使美好的未来和宏伟的憧憬变成现实，人们会以坚韧不拔的毅力、顽强的拼搏精神和开拓创新的行动为之努力奋斗。周恩来 12 岁时，就发出"为中华之崛起而读书"的誓言，表达了他从小立志振兴中华的伟大志向。我们应该向敬爱的周总理学习，从小立志，树立一个崇高的人生目标，然后为实现这个目标坚持不懈、奋斗不息，为人民、为国家做出贡献，这样我们的人生才有意义。

4. 职业理想促进人生价值的实现

人生价值分为自我价值和社会价值两个方面。个人的生存与发展是个人适应社会、融入社会、改造社会的过程，是在推动经济、社会发展过程中的自我完善。无论从什么角度去体现自己的人生价值，都要依托某一职业，而对职业理想的追求必然促进人生价值的实现。

实践证明，当人们把职业理想作为自己职业生活中具体奋斗的目标时，其具体选择职业的行为将会受到积极的影响并对其产生激励作用。在纷杂的社会职业中，不同的职业理想将引导人们选择不同的职业。一个合理而恰如其分的职业理想能以巨大的感召力指导人们正确进行职业选择，唤起人们从业的热情和勇气，使人们在成就事业的征途上奋力拼搏。

（二）职业理想对社会发展的作用

一个人通过对自己职业理想的追求和实践，不仅满足和实现了自己的发展需求与价值追求，而且为社会创造了财富，满足了经济社会的发展需求，推动了社会进步。整个社会的进步和发展又为个人的发展创造了各种有利条件，进一步促进了个人职业理想和价值观的实现。所以，职业理想和社会发展是相辅相成的。

1. 有明确职业理想的高素质劳动者和技能型人才是社会发展的重要推动力量

有明确职业理想的高素质劳动者和技能型人才是企业和社会可持续发展的重要推动力量。高素质劳动者和技能型人才之所以受到各行各业的欢迎，是因为他们有明确的职业理想、良好的职业道德和从业的技能特长，他们以出色的工作、优质的产品和服务为企业赢得了效益，为社会做出了贡献。党和政府非常重视职业教育，采取了一系列措施发展和加强我国的职业教育。中职学生是未来的劳动者，是社会发展的潜在动力，"以服务为宗旨，以就业为导向"的职业教育学校是培养高素质劳

小讨论

2020 年，国家主席习近平在新年春节团拜会上说："时间不等人！历史不等人！时间属于奋进者！历史属于奋进者！为了实现中华民族伟大复兴的中国梦，我们必须同时间赛跑、同历史并进。"作为一名中职学生，更应该勇敢追逐自己的梦想。你梦想的工作是什么？你会如何努力实现自己的梦想呢？

动者和技能型人才的摇篮。人的职业生涯像一场长跑，要想坚持到底并赢得胜利，不仅需要坚强的毅力，更需要坚定的信念。而职业理想是职业人的信念之源、动力之源。只有那些有明确职业理想的高素质劳动者和技能型人才，才能为自己创造一个成功的职业生涯。

2. 职业理想是实现社会理想的基础

社会理想是以社会大多数成员为主体的共同理想，人们总是通过社会理想的实现达到改造社会、造福人类的目的。现阶段我国各族人民的社会理想是全面建成小康社会，建设新时代中国特色社会主义。社会理想是人生理想的核心，它影响和制约着职业理想。个人对社会现实与发展的憧憬及对人生所持的态度不同，其职业理想的表现形式也不同。有理想的青年人不仅追求个人美好的未来，而且对社会进步也必定有所追求。

职业理想是实现社会理想的基础，因为人的社会理想都是通过具体的职业理想的确立和职业活动实现的。以爱国主义为核心的团结统一、爱好和平、勤劳勇敢、自强不息的伟大民族精神，不仅是整个民族赖以生存和发展的精神支柱，也是个人职业生涯成功的动力。中职学生作为爱国的、有责任心的公民，在设计自己的职业理想时，考虑到的绝不应仅仅是个人的成功和富足，还应有对国家富强、社会进步的责任。个人职业理想实现的过程也是公民社会责任完成的过程。个人生存发展的需求、个人价值的实现离不开社会发展的大环境，只有将个人的发展融入国家和社会的发展中，才能最大限度地实现自我价值。

小故事

茅以升的造桥理想

茅以升是我国著名的桥梁专家。他幼年在家乡看端午节龙舟比赛时，曾目睹过桥塌人亡的悲惨场景，之后暗下决心，长大一定要学习造桥。从此，他发奋学习，15岁就以优异的成绩考入唐山路矿学堂。5年里，他记了200本笔记，约900万字，这些笔记本堆在一起足有一人多高。

1937年，他主持设计和建造了中国桥梁建筑史上第一座现代化大桥——钱塘江铁路公路两用桥；20世纪50年代，他主持设计和建造了闻名世界的武汉长江大桥……茅以升的名字和我国许多新建大桥一起永远留在了祖国大江南北。他实现了个人的职业理想，也实现了为人民造福的社会理想。

三、实现职业理想的条件

现实有了理想的指导才有前途，理想也必须通过现实的努力才能实现。职业理想的实现需要具备以下条件。

（一）了解自己

年轻人容易把自己放在很高的起点上，在思考未来职业时会希望将来所从事的工作条件要比别人好一些，付出的劳动比别人少一些，拿的工资却要比别人高一些。显然，这种失去"自我"的职业憧憬是"空中楼阁"，是"水中之月"，永远是可望而不可即的。因此，只有从自身出发，从自己所受的教育及自己的能力倾向、个性特征和身体健康状况出发，才能够准确定位自己，朝着适合自己的岗位不懈努力。

（二）了解职业

每种职业都有与之相适应的职业能力要求。除了具备观察、思维、表达、操作、公关等一般能力外，一些特殊行业还有特殊要求。例如，对于会计、出纳、统计师、建筑师、药剂师等职业来说，从业人员必须具备很强的计算能力；与图纸、建筑、工程等打交道的工作，以及牙科医生、外科医生等职业，需要从业人员具有较高的空间判断能力。

（三）了解社会

职业的存在和发展与社会的需求是紧密联系的，了解社会的需求是成功择业并就业的关键。了解社会主要是要了解社会需求量、竞争系数和职业发展趋势。社会需求量是指一定时期职业需求的总量，这是一个动态的又相对稳定的数量。有的职业有很高的社会名望，但需求量很少；有的职业不为多数人所看好，但有发展前途且需求量较大；有些职业一时需求量大，竞争激烈，但随着社会的发展将日趋衰落；有些职业暂时处于冷落状况，但随着社会的发展会日益兴旺。因此，加强对社会职业需求的分析和预测，了解社会职业岗位需求情况是极其重要的。

知识卡片

《中国制造2025》十大重点领域（表1-1）对中国制造业实现由大变强、高端引领要在哪些技术上突破提出了方向，也是我国成为制造强国必须实现的基础技术目标。

表1-1 《中国制造2025》十大重点领域

领 域	关 键 词
新一代信息技术产业	4G/5G通信、IPv6（Internet protocol version 6，互联网协议第6版）、物联网、云计算、大数据、三网融合、平板显示、集成电路、传感器
高档数控机床和机器人	五轴联动机床、数控机床、机器人、智能制造
航空航天装备	大飞机、发动机、无人机、北斗导航、长征运载火箭、航空复合材料、空间探测器
海洋工程装备及高技术船舶	海洋作业工程船、水下机器人、钻井平台
先进轨道交通装备	高铁、铁道及电车道机车
节能与新能源汽车	新能源汽车、锂电池、充电桩

续表

领　域	关　键　词
电力装备	光伏、风能、核电、智能电网
农机装备	拖拉机、联合收割机、收获机、采棉机、喷灌设备、农业航空作业
新材料	新型功能材料、先进结构材料、高性能复合材料
生物医药及高性能医疗器械	基因工程药物、新型疫苗、抗体药物、化学新药、现代中药，CT（计算机断层扫描）、超导磁共振成像、X 射线机、加速器、细胞分析仪、基因测序仪

四、新时代催生新职业

面对中华民族伟大复兴的光明前景，新时代青年既是追梦者，又是圆梦人，中职学生更应珍惜这个时代、担负时代使命，在担当中历练，在尽责中成长，让青春在新时代改革开放的广阔天地中绽放，让人生在实现中华民族伟大复兴的中国梦的奋进追逐中展现出勇敢奔跑的英姿，努力成为德智体美劳全面发展的社会主义建设者和接班人。

（一）新时代为个人发展提供广阔的舞台

习近平总书记在党的十九大报告中指出："经过长期努力，中国特色社会主义进入了新时代，这是我国发展新的历史方位。"中国特色社会主义进入新时代，我国社会主要矛盾已经转化为人民日益增长的美好生活需要和不平衡不充分的发展之间的矛盾。新时代是不断创造美好生活、逐步实现全体人民共同富裕的时代，是决胜全面建成小康社会、进而全面建设社会主义现代化国家的时代，是中国日益走近世界舞台中央、不断为人类做出更大贡献的时代。全面建成小康社会的事业为青年创造了实现人生抱负的大好机会，提供了施展聪明才干的广阔舞台，每一个有志青年都应自觉把个人的梦想与中国梦联系起来，把人生出彩与国家富强联系起来，不断拓展事业发展的空间，实现自己的人生理想和生命价值。

青年一代总是时代中最奋发的力量，在改革发展的实践中随处可见他们的身影。他们有的扎根基层，让青春散发泥土的芬芳；有的投资兴业，让青春绽放无限的魅力；有的投身军营，让梦想在奉献中成就辉煌；有的勇攀科学高峰，让激情在攻关中焕发光彩……青年一代用年轻的臂膀扛起了时代的重任，也续写着时代的华章。新时代属于每一个人，每一个人都是新时代的见证者、开创者、建设者。在新时代的中国，经济建设主战场、文化发展大舞台、社会建设新领域、科技创新最前沿、基层实践大熔炉，都是当代青年学生贡献聪明才智、书写青春篇章的热土福地。

走近生活

2020 年 2 月 25 日，国家人力资源和社会保障部与国家市场监督管理总局、国家统计局联合向社会发布了智能制造工程技术人员、工业互联网工程技术人员、虚拟现实工程技术人员、连锁经营管理师、供应链管理师、网约配送员、人工智能训练师、电气电子产品环保检测员、全媒体运营师、健康照护师、呼吸治疗师、出生缺陷防控咨询师、康复辅助技术咨询师、无人机装调检修工、铁路综合维修工和装配式建筑施工员等 16 个新职业。这是自 2015 年版《中华人民共和国职业分类大典》颁布以来发布的第二批新职业。随着经济社会不断发展，新兴技术的应用和人们需求的提升，新产业、新业态、新模式不断涌现。为反映职业发展变化，适应经济社会发展需要，我国建立了发布新职业制度。新职业的发布，对于引领产业发展、促进就业创业、加强职业教育培训、增强对新职业从业人员的社会认同度等具有重要意义。

问题：你身边有人从事这些职业吗？选择两种自己感兴趣的职业，详细了解该职业的工作内容和从业要求。

（二）新时代对职业素养提出新要求

不断涌现的新职业，不仅为更多人提供了人生出彩的机会，而且能激发中国经济创新驱动发展的潜能。高新技术领域正成为我国新职业的密集诞生地，如云计算工程技术人员、电子竞技运营师、无人机驾驶员……技术进步带来分工细化，催生更多职业，这是历史发展的必然。科技日新月异，越来越多的职业正朝着高价值、数字化、个性化方向发展。

新一代信息技术与制造业深度融合，正在引发影响深远的产业变革，形成新的生产方式、产业形态、商业模式和经济增长点。各国都在加大科技创新力度，推动三维（3D）打印、移动互联网、云计算、大数据、生物工程、新能源、新材料等领域取得新突破。基于信息物理系统的智能装备、智能工厂等智能制造正在引领制造方式变革，网络众包、协同设计、大规模个性化定制、精准供应链管理、全生命周期管理、电子商务等正在重塑产业价值链体系，可穿戴智能产品、智能家电、智能汽车等智能终端产品不断拓展制造业新领域。中国制造业转型升级、创新发展迎来重大机遇。

21 世纪是信息时代，是知识社会，是全球化时代，需要建设一支"知识型、技能型、创新型劳动者大军"，弘扬劳模精神和工匠精神，营造劳动光荣的社会风尚和精益求精的敬业风气。这支劳动者大军需要具备将知识和技能用于解决复杂问题与不可预测情境的能力及品格，能够适应终身发展和社会发展需要的必备品格与关键能力。

小讨论

在国家人力资源和社会保障部、市场监督管理总局、国家统计局公布的新职业中，很多都与人工智能有关。为什么国家如此重视这些新兴职业，并将它们作为正式职业发布呢？

（三）现代职业发展趋势

现代职业的发展趋势是职业随着社会分工、生产力的发展和社会需求的变化而不断地发展变化。在这些因素的推动下，种种新职业应运而生。我们选择职业时不仅要考虑个人的意愿，还要紧跟时代发展的步伐，充分考虑社会需求的变化趋势。总体上看，职业发展呈现出以下几种趋势。

1. 新职业出现的频率加快

在职业产生初期，职业种类少、发展缓慢。随着社会的发展，社会分工越来越细，科学技术不断进步，职业种类增加的速度逐渐加快。从事脑力劳动的职业在职业总数中所占的比例也呈现出快速增长的趋势。2004 年，国家劳动和社会保障部（2008 年与人事部合并为人力资源和社会保障部）建立了新职业发布制度，定期发布新职业目录。

2. 职业分工由简单到精细

职业是社会分工的产物，也会随着社会分工的不断细化而发展变迁。职业分工由简单到精细，第三产业职业数量不断增加。职业的产生是社会分工的结果。社会分工具有三个层次，即一般分工、特殊分工和个别分工。一般分工区分出第一产业、第二产业、第三产业；特殊分工划分了不同行业；个别分工划分出更多的职业岗位，如为农业服务行业产生了化肥、塑料薄膜的生产等职业，计算机出现后有了计算机教师、计算机销售、计算机维修人员等不同职业。

3. 职业活动的内容不断弃旧更新

同一职业活动不断增加新的内容，对从业人员的素质要求也越来越高。同样的职业，在不同的时代工作内容会有很大变化，并且旧的业务知识、技术方法也会被新的业务知识、技术方法所取代。例如，刑事警察职业，如今对从事这一职业人员的要求远比 20 世纪初的一般侦探要高得多，完成任务不仅需要掌握现代知识并具备使用现代工具的本领，还要通晓法律和犯罪心理学，掌握侦探技术、电子技术、鉴定技术、擒拿技术、驾驶技术等。虽然职业类型没有变，但内容已大为更新。现代职业除了专业性越来越强以外，还开始向综合化、多元化方向发展。

4. 职业模式趋于灵活和复杂

现阶段，全职工作、兼职工作、多重工作、工作共享、远程办公、自由职业、自我创业等工作形式不断出现，五天工作制、四天半工作制、弹性工作制等工作制度更加灵活多样。

随着知识经济时代的来临，热门职业正发生着重大变化，新职业层出不穷，传统职业越老越吃香。经过市场调查并综合专家分析，有机构预测理财规划师、人力资源师、软件开发工程师、网络媒体高级编辑、企业高级策划/公关经理、游戏/动画设计工程师、公务员、职业规划师、律师、销售等可能成为"金牌"职业。

总之，了解职业发展趋势，有利于中职学生把握好个人职业目标的选择，找准个人职业生涯发展的方向，从而更好地适应变革中的社会职业环境，避免择业的盲目性。

第二节 面向未来的职业生涯规划

中国特色社会主义新时代的变化是全方位的，中职学生在这一社会大环境下要选择并走好职业道路，主动适应这些变化，做好职业生涯规划，确定未来的奋斗目标，树立未来的发展理想。

一、职业与职业生涯

每个有自己职业的人都把一生最美好的时间奉献给它，职业可以带来快乐、地位、幸福等精神财富，也可以带来焦虑、烦恼、沮丧等不良心理。职业对每个人而言都十分重要，如果缺乏对职业知识的了解，人们很容易在进行职业规划时感到迷茫无助。

（一）职业的含义

职业一般是指人们在社会生活中所从事的，以获得物质报酬作为自己主要生活来源，并能满足自己精神需求的，在社会分工中具有专门技能的工作。它是人类经济发展及社会劳动分工的结果。职业至少应包含以下四层含义：

（1）一项工作只有变得足够重要、足够丰富，能吸引劳动者长期且稳定地投入其中，才能称其为职业。

（2）职业不仅能满足劳动者的物质生活需求，还能满足他们的精神需求。

（3）劳动者在职业活动中可以展现自己的才能，使个人特长得到发挥。

（4）职业是劳动者获得的社会角色，是参与社会劳动、尽到社会职责、与社会产生联系的纽带。

> **小讨论**
>
> 下面几个人分别做着不同的事情，他们从事的事情属于职业吗？
>
> （1）刘某做事情没有恒心，投递员没干两天，就改做收银员。
>
> （2）李某喜欢打篮球，一周内除正常上班外，还会参加四次篮球赛。
>
> （3）孙某是某职业学院一年级学生，暑假期间在某公司当实习生。

职业和每个人都密切相关，每个具有劳动能力的人一生中都会从事一种或几种职业。人只有通过自己的职业，通过交换各自的劳动才能满足其生存需要。职业还能使人们以一定的社会角色进入社会，保持与社会的联系，在实现自我价值的同时，为他人服务，为社会、为国家做贡献，从而实现其社会价值。

（二）职业生涯的含义及类型

1.职业生涯的含义

职业生涯是一个人一生所有与职业相连的行为与活动及相关的态度、价值观、愿望等连续性经历的过程，也是一个人一生中职业、职位的变迁及职业目标的实现过程。简单地说，一个人职业发展的状态、过程及结果构成了个人的职业生涯。

2. 职业生涯的类型

职业生涯分为外职业生涯和内职业生涯。

（1）外职业生涯。外职业生涯主要是指从事职业时的工作单位、工作内容、工作职务、工作环境、工资待遇等因素的组合及其变化过程。

（2）内职业生涯。内职业生涯主要是指从事一项职业时所具备的知识、观念、心理素质、能力、内心感受等因素的组合及其变化过程。

内职业生涯的发展是外职业生涯发展的前提，内职业生涯带动外职业生涯的发展。外职业生涯的因素通常由别人决定、给予，也容易被别人否定、剥夺，而内职业生涯的因素主要靠自己探索获得，并且不随外职业生涯因素的改变而丧失。

知识卡片

职业生涯形态

日本生涯专家高桥宪行将人的生涯形态归纳并概述为 18 种，具体如下：

（1）超级巨星型。这类人具有较高知名度，他们的举动时常在无形之中牵动许多人的利益，是大家公认的名人。

（2）卓越精英型。这类人品德好、知识渊博，具有深刻的洞察力，常常能适时化险为夷，扭转乾坤。

（3）劳碌命型。这类人愿意安分守己，过着朝九晚五的普通生活。

（4）得过且过型。这类人没有什么理想和抱负，很少为工作奋斗和拼搏，凡事只求过得去即可。

（5）捉襟见肘型。即使机会来了，这类人也不知道如何把握，而一旦错过机会却又怨天尤人、自暴自弃。

（6）祸从口出型。这类人喜欢批评别人，常常将自己的过错推卸给别人，而且喜欢标新立异，但提出的一些计划大多无法实现。

（7）中兴二代型。这类人继承了可观的家产，自己也兢兢业业，大多能将家业发扬光大。

（8）出外磨炼型。这类人虽然家有产业，却将第二代接班人送到其他公司去工作，让他们从基层做起，靠自己的能力和关系发展自己，在磨炼中得到成长。

（9）家道中落型。这类人在面对困境时常常束手无策，欲振乏力。

（10）游龙翻身型。这类人能充分运用人生的低谷期深入思考自己的未来，重新规划自己，终至飞跃。

（11）转业成功型。这类人在面对生涯困境时可以断然下定决心，迈开步伐，解脱束缚，另谋出路，闯出一番新天地。

（12）一飞冲天型。这类人才华出众，具有拼搏精神，一旦遇到伯乐，就能一跃而起。

（13）强力搭档型。这类人如果能获得志趣相投、能力互补的强力搭档配合，就一定可以开创属于自己的成功职业生涯。

（14）福星高照型。这类人相当幸运，往往随着时势的推移，在风云际会中成就美好的事业前程。

（15）暴起暴落型。这类人常常人生多舛，起伏不定，崛起、衰败往往均在一夕之间。

（16）随波逐流型。这类人常常目标不够明确，策略不够坚定，行动也三心二意，最终只能随波逐流，很难有所成就。

（17）强者落日型。这类人虽然才能出众，也曾获得成功，但常因人生的际遇而虎落平阳，从此一蹶不振，虚度残生。

（18）一技在身型。这类人一般专注某一领域，认真钻研，始终不懈，踏踏实实。

二、职业生涯的特点

了解职业生涯的特点可以帮助中职学生更好地进行职业生涯设计。从总体上看，职业生涯主要有以下几个特点。

（一）可规划性

在职业生涯发展过程中存在很多偶然性因素，职业生涯的可规划性正是表现在对偶然性因素的把握上。职业生涯的可规划性不是预言职业生涯发展过程中的具体细节，而是给个人提供一个总体的职业生涯发展状态的指导，战略性地把握职业生涯发展方向。

（二）差异性

每个人在个人特质、性格气质、能力特点上都有差异，因而在职业目标的选择、职业规划的确定上都有所不同。正是由于这种差异的存在，职业生涯设计才是个性化的。职业生涯设计越个性化，对职业生涯的发展越具有切实的指导意义。

（三）阶段性

职业生涯的发展过程可以划分为不同的阶段。每个阶段都有不同的目标和任务，各个阶段之间并不是并列关系，前一阶段的状态是后一阶段的基础，各个阶段之间具有连续性和递进性。利用好职业生涯发展的阶段性，高质量地完成各阶段的任务，对职业生涯的持续发展至关重要。

（四）发展性

职业生涯是一个动态的发展过程。一方面，个体通过持续不断的努力来提高个人能力和职业水平，通过实现职业追求来提升个人价值，从而承担越来越重要的社会角色；另一方面，个体在与他人、环境和社会的互动中，根据自己不断丰富的社会职业信息、个人职业能力和职业决策技术，做出与该阶段相符合的职业规划。

三、职业生涯规划的重要性

如果把一个人的职业生涯比作一次旅行,那么出发之前就应设定好旅行线路,这样既不会错过梦想已久的地方,又不会经历千辛万苦却到达并不喜欢的景点。职业生涯规划的目的不只是协助个人实现一己目标,更重要的是能帮助个人真正了解自己,进一步评估内、外部环境的优势和限制,在对内、外部环境做出综合评价的情形下,设计出合理且可行的职业生涯发展方向。

(1)职业生涯规划有助于帮助个人确定职业发展目标。个人通过职业生涯规划,可以认识自己,了解自己,评估自己的能力、智力及性格,找出自己的特点,明确自己的优势,正确设定自己的职业发展目标并制订行动计划,使自己的才能得到充分发挥,从而实现职业发展目标。

(2)职业生涯规划有助于鞭策个人努力工作。对许多人来说,实施职业生涯规划就像一场长跑比赛,随着时间推移,一步一步地实现目标。

(3)职业生涯规划有助于个人抓住工作和学习的重点。制定职业生涯规划有助于个人有轻重缓急地安排日常工作。通过职业生涯规划,个人可以紧紧抓住学习的重点,增加成功的可能性。

(4)职业生涯规划有助于引导个人发挥潜能。职业生涯规划能使人集中精力,全神贯注于自己有优势且会有高回报的方面,有助于个人发挥最大的潜力,最终实现目标。

>>> **情境感悟** <<<

一名刚毕业的中职学生由于经验不足在工作中出现了失误,受到了上司的严厉批评,他很不开心,没心思工作。有人问他:"你为什么不开心?"他回答说:"经理批评我了。"别人又问:"你是不是工作没做好?"他回答:"即便工作没做好,他也不应该对我态度恶劣。"别人问他:"那你希望怎么样?"他回答:"我希望我再犯错的时候,他的态度能好点。"

这名中职学生的话意味着什么?他的这种态度对吗?为什么?

_____

_____

_____

_____

_____。

活动平台

活动一 职业理想主题班会

组织班级学生开展一次以"职业理想"为主题的班会，时间30分钟左右。

（1）全班学生4～6人一组，分组讨论自己的职业理想，向组内成员说一说自己打算如何实现这一理想。

（2）每组推选一个代表，按照小组序号的顺序进行发言。每一次发言结束，班级其他同学均可对该同学的发言自由发表看法，讨论职业生涯规划与职业理想实现之间的关系。

（3）教师对此次班会进行总结，每个学生写一篇书面总结，分享自己的学习心得。

活动二 我的生命线与鱼骨图

通过绘制我的生命线与鱼骨图（图1-1），对过去的我、现在的我、未来的我做出评估和展望。

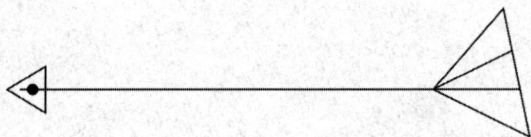

图1-1 我的生命线与鱼骨图

（1）教师先说明内容，然后让学生自行绘制和填写。

① 鱼头：原点、出生点。

② 鱼尾：生命逐渐老去的方向。

③ 预测死亡年龄的依据：本人的健康状况、家族的健康状况、生活地域人们的平均寿命。

④ 找出今天你的位置：写上今天的年龄和今天的日期。

⑤ 思考过去的自己与未来的自己。

a.在生命线上标出过去对自己影响最大或令自己最难忘的6件事，属于积极事件的，鱼刺向上；属于消极事件的，鱼刺向下。

b.在生命线上标出今后自己最想做的3件事或最想实现的3个目标，能够由自己全权决定的，鱼刺向上；需要别人参与或者全部由别人定夺的，鱼刺向下。

（2）15分钟后大家一起分享与交流。在小组交流中，每个人都拿出自己的生命线与鱼骨图向其他同学展示，边展示边解说，并注意他人的反应。

第二章

认识自我　健康成长

📠 **学习导航**

（1）能够全面、客观地认识自我，掌握认识自我的方法。

（2）能够直面困难和挫折，掌握应对挫折的方法，珍爱生命。

（3）能够尊重个体生理及心理特点，掌握青春期的性心理知识。

（4）了解情绪的成因，掌握情绪问题的调适方法。

📋 **课程导入**

认识自己

在山上的寺院里，一头驴每天都在磨坊里辛苦拉磨。天长日久，它渐渐厌倦了这种平淡的生活。它寻思着要是能出去见见外面的世界，不用拉磨，那该有多好啊！不久，机会终于来了，有个僧人带着它下山去驮佛像，这让它兴奋不已。

来到山下，僧人把佛像放在驴背上，然后牵着它回寺院。没想到，路上行人看到驴时，都虔诚地跪在两旁对它顶礼膜拜。一开始，驴大惑不解，不知道人们为何要对自己叩头跪拜，慌忙躲闪。然而一路上都是如此，驴不禁飘飘然起来，它想：原来人们如此崇拜我。当它再看见有人路过时，就会趾高气扬地站在路中间，走起路来虎虎生风。

回到寺院，驴认为自己身份高贵，死活也不肯拉磨了，只愿意接受人们的跪拜。僧人无奈，只好放它下山。驴刚下山，就远远看见一伙人敲锣打鼓迎面而来，心想一定是人们前来欢迎我，于是大摇大摆地站在路中间。那是一队迎亲的队伍，却被一头驴拦住了去路，人们愤怒不已，对它棍棒相加……

驴仓皇逃回寺院，愤愤不平地告诉僧人："原来人心险恶啊，第一次下山时，人们对我顶礼膜拜，可是今天他们竟将我痛打。"僧人叹息一声："果真是一头蠢驴！那天人们跪拜的是你背上驮的佛像，不是你啊！"

这是一个颇具讽刺意味的寓言故事，驴犯了不能正确认识自己的错误。现实生活中也不乏这样的人，春风得意时狂妄自大、目空一切，遭遇挫折时悲观颓废、自信全无。一个人若不能正确地认识和评价自己，很容易产生心理障碍，要想保持心理健康，首先要正确地认识自己，客观地评价自己。

（资料来源：https://m.sohu.com/a/148283664_728720，有改动。）

第一节 成长中的自我

认识自我是每个人自信的基础。一个人在自己的生活经历中和自己所处的社会境遇中能否真正认识自我、肯定自我，如何塑造自我形象，如何把握发展机遇，将在很大程度上影响或决定他的前程与命运。换句话说，你可能渺小而平庸，也可能伟大而不凡，这在很大程度上取决于你的自我意识觉醒到什么程度，取决于你是否拥有真正的自信。自信是认识自我的开始，一个人只有真正认识了自我，才能拥有自信、自主、自尊、自爱，才能在自己的人生中奏出宏大的乐章。

一、自我意识的内涵

自我意识也称自我，是个体意识发展的高级阶段。自我有广义与狭义之分。广义的自我是指个体有关"我"的一切内容，包括个体的生理活动与心理活动，如一个人对自己思想与行为的控制，对自身的存在产生满足或不满足的体验；狭义的自我是指个体对自己心理活动的认识与体验。自我意识是意识的核心部分，具有目的性、社会性、能动性等特点，对个性的形成、发展起着调节、监督的作用，它的表现形式是丰富多样的。

自我意识一般包括对自身生理状态、心理状态，以及自己与周围关系的认识和评价三个方面的内容。

（1）对自身生理状态的认识和评价。这是指对自己的身高、体重、容貌、性别等的认识及对生理病痛、温饱饥饿、劳累疲乏等的感受，也称生理自我。例如，有些学生会认为自己个子太矮、长相不好等，这些都属于生理自我的表现。如果长期不能接纳自身的生理状态，就容易消极自卑，甚至讨厌自己，从而影响健康成长。

（2）对自身心理状态的认识和评价。这是指对自己的知识、能力、情绪、兴趣、爱好、性格、气质等的认识和体验，也称心理自我。例如，有的学生认为自己成绩差，智力一般，没有任何特长；有的学生认为自己智力属于中等偏上，只是自控能力差，情绪易激动；当然，也有部分学生认为自己爱好广泛、知识面广、性格良好、学习优秀。这些都是心理自我的表现。

（3）对自己与周围关系的认识和评价。这是指对自己在群体中的地位、作用，以及自己和他人相互关系的认识、评价和体验，也称社会自我。例如，有的学生虽然渴望与别人交流，但心里却认为大家都看不起他，于是孤单落寞；有的学生误以为自己受到全班同学的拥戴，结果却在班干部公开竞选时落选。这两种情况都是社会自我出现了偏差的表现。

小故事

孙 权 劝 学

三国时期，吴国吕蒙非常勇猛，但不喜欢读书。孙权对吕蒙说："你现在当权管事，不可以不学习！"吕蒙即用军中事务繁多来推托。孙权说："我难道想要你研究儒家经典，成为博士（专掌经学传授的学官)吗？我只是让你粗略地阅读，了解历史罢了。你说军务繁多，谁比得上我（事务多）呢？我经常读书，自己觉得获益很多。"于是，吕蒙开始学习，后来连鲁肃都说："士别三日，当刮目相看。"吕蒙因孙权的一席话改变了自己，完善了自己的人格和修养。

二、自我意识的结构

自我意识既是心理活动的主体，也是心理活动的客体，它涉及认知、情感和意志过程的多层次、多维度的心理现象。因此，自我意识的结构可划分为自我认知、自我体验和自我调控三个方面。

（1）自我认知。自我认知是指个体对自己的身心状况、与他人的关系的认知。它是自我意识的核心部分，也是自我调解控制的心理基础。自我认知主要包括自我感觉、自我知觉、自我观察、自我分析、自我评价等，如"我是一个什么样的学生""我在班级里扮演一个什么角色"等。

（2）自我体验。自我体验以自尊心和自信心为主要内容。它是主观自我对客观自我的情绪体验，是建立在自我认知基础上的，经常以自尊、自怜、自爱、自弃、自信、自卑、荣誉感、耻辱感等表现出来，如"我是否接纳自己""我是否对自己的现况满意"等。

（3）自我调控。自我调控是指个体对自己的行为、活动及态度的调节与控制，主要包括自我检查、自我控制、自我监督。它是自我意识直接作用于个体行为的体现，是个体自我教育、自我发展的重要机制，是自我意识能动性的表现，如"我应该如何改变自己""我应该怎么实现理想"等。

三、认识自我的方法

（一）人贵有自知之明

人们要了解自己、认识自己，自知是做人的最基本要求。有了自知，人们才能对自己所处的环境有一个准确的把握，才能知道自己的工作能力、学识水平、社会关系、家庭、社会背景等处在一个什么样的水平。面对自己的现实情况，把握住自己的人生旅途，人们才能得到自信，才能充分发挥自己的聪明才智，生活才能充实。

有人说，世界上最困难的是认识自己。因为人在不断地成长与发展，所以对自己会不断地有新认识与新发现。一个人要想活得轻松、愉快，保持良好心态，很重要的一点就是根据不同时期、不同阶段、不同身份的变化，敢于直面人生，正确认识到自己的价值，正确认识自己在他人心目中的位置，正确认识自己的能力、学识、水平，既不高估自己，不对自己的一些长处和优势沾沾自喜，也不会自卑、过分地贬低自己。

人们还要学会欣赏自己。欣赏自己并不是傲视一切的孤芳自赏，也不是唯我独尊的狂妄自大。它体现一个人的心理素质，是一种醒悟、一种境界；它是一个人自信的源泉和战胜困难、取得成功的动力。只有懂得欣赏自己，才能做到充分地接纳自我；有了良好的自我感觉，才能自信地与人交往，出色地发挥自己的才能和潜力。假如一个人不懂得欣赏自己，总是以怀疑的、否定的心态看待自己，就有可能限制甚至扼杀自己的生命力。现实中，因为自卑自怜、自暴自弃等各种心理原因而结束生命的事例已经曝光多起，既给个人及家庭造成了痛苦，也给社会造成了负面的影响。

会欣赏自己的人，一定会正确地欣赏别人和评价自己。他们知道用高估别人的心态看待自己，打击的是自己的自尊；用低估自己的心态对待别人，伤害的是自己的自信。只有做到正确欣赏别人，才能正确地面对自己、欣赏自己。要想正确地欣赏自己，就一定要找准适合自己的位置。别人能做的事自己也能做，应该有一种满足感；别人做不了的事自己能做，说明自己在这方面比别人能力强；别人能做的事自己做不了，自己也不应该失望，因为别人做的事不一定适合自己做，就像自己能做的事别人做不了一样。任何人都有优秀的部分，别人发现不了，自己可以发现；别人不欣赏自己，自己可以欣赏自己。事实上，当自我欣赏开始的时候，也就是自信心成长的时候。努力发现自己的优秀品质，然后将其发扬光大，同样可以让自己获得幸福感。

知识卡片

心理健康的标准

（1）认识自己。一个人如果只看到自己的短处与缺点，就会丧失信心、缺乏朝气；如果只看到自己的长处和优点，就会自以为是。这种自卑与自负皆不利于自我成长，只有正确认识自己，才算是心理健康。

（2）悦纳自己。对自己是喜欢还是讨厌，是衡量心理健康的又一条标准。心理健康不仅要求能如实了解自己，而且要能愉快地接纳自己。悦纳自己不是说要宽容或欣赏自己的缺点和错误，而是说自己虽然有这样那样的不足，但仍然喜欢自己、不憎恨自己、不欺骗自己，并设法使自己发展得更好。

（3）调适自己。个人的行为总是受社会规范和环境的约束，但有时个人的需求又往往与规范和环境不符，并发生冲突。因此，个人必须经常调适自己，以使个人和环境保持和谐的关系。如果不能或不会调适自己，就会产生心理问题；只有做到及时地调适自己心态的人，才能成为一个心理健康的人。

（二）科学立志，成就自我

一个没有目标的人就像一艘没有舵的船，永远漂流不定，只会到达失望、失败和丧气的"海滩"。成功者总是那些有目标、有志向的人。

1. 人要立长志，不能常立志

"志"在《辞海》（第六版）中的注释为"志向；意志"。古人云，"人唯患无志"。人若无志，人生就失去方向，失去前行的动力，只能在浑浑噩噩中打发日子，这当然是很悲哀的。唯有及早立下高远之志，并且坚定不移地为之不懈奋斗，人生才有意义，才能干出一番事业。古往今来，但凡有所成就者，他们从小都立有一个远大的志向，就是这个志向支持着他们不断进取、不断奋斗。

有远见的人总是立长志，他们不因暂时的困难而退缩，不被可耻的懒惰所迷惑；他们认准目标奋发努力，积极争取从不放弃。虽然道路漫长，经历了许多酸苦，但他们最终拨散了层层的迷雾，找到了自己的归宿。

无大志的人总是常立志，他们好似有远大的抱负，却总好高骛远、眼高手低；他们好似有长远的志向，却总是愤世嫉俗，对现状表现出极端的不满。而一旦遭遇挫折，他们就会怀疑、顾虑，轻易放弃最初的梦想，并且会找到一个冠冕堂皇的理由让自己心安理得。他们不断地更新目标，又一次次地放弃；他们开始时信心百倍，但往往无法坚持到底。

小讨论

大学者王国维说："古今之成大事业、大学问者，必经过三种之境界：'昨夜西风凋碧树，独上高楼，望尽天涯路'，此第一境界也；'衣带渐宽终不悔，为伊消得人憔悴'，此第二境界也；'众里寻他千百度，蓦然回首，那人却在灯火阑珊处'，此第三境界也。"对此，你有什么感悟呢？

2. 立志要切合实际

人没有目标，就会像没头的苍蝇四处乱撞，做许多无用功；但一个人立的志向如果不切实际，与自身条件相去甚远，那也不可能实现。为一个不可能实现的目标而花费精力，同浪费生命没有什么两样。因此，每个人都要冷静、认真地思考一下自己的奋斗目标。当然，这不是说凭借自己心头一热，有感而发的"豪言壮语"。志向要有根有据：所谓有"根"，是指志向涉及的发展方向有自己的兴趣、特长做支撑，确立的目标以自己的实际能力和爱好为根本；所谓有"据"，是指自己确立的目标符合社会的需要，具有社会价值，而不仅是自己的主观遐想。这是确立志向时需要认真思考的问题。

职业选择是每个人对自己就业的种类、方向的挑选和确定，是每个人真正进入社会生活领域的重要行为，是人生的关键环节。中职学生应对自我进行正确认知，能够明确自身发展的优势和劣势，正确评估自己适合哪种工作，有针对性地提升自身的能力来应对日益严峻的就业形势。

第二节　直面困难和挫折

无论是伟人还是普通人，无论是成年人还是青少年，每个人都会遇到各种困难、挫折和失败，积极向上的人总是把苦难化作奋斗的动力。

一、理想与现实的矛盾

理想是一个人为之努力、为之奋斗的目标，是一个人朝思暮想渴望或希望达到的一种人生境界；现实是一个人不想承认却又不得不承认的一种结果，是一个人想要改变却又常常苦于无法改变的一种生存状态。理想与现实既对立又统一，理想来源于现实，是对现实的反映；理想又高于现实，只有付诸实践，理想才能变成现实。

每个人都会有理想，实现理想的关键是靠自己。理想不是幻想，理想需要每个人以每时每刻的努力来实现。每个人的理想都是需要拼命地往上攀登才能实现的。理想是心中的渴望，是前行的力量。前行的道路是崎岖不平、荆棘丛生的，困难越大，战胜困难所取得的成就感也就越大。一个个理想的实现就是一次次质的飞跃。不管人生的起点有多低，只要矢志不渝、刻苦磨炼、百折不回，就有希望实现自己的理想。

在实际生活中，现实往往与职业理想发生矛盾，很多人不能按照自己的理想标准选到合适的职业。于是有的人索性不就业，坐等理想职业出现；有的人随便找一份职业混日子；有的人对与自己职业理想不符的工作怨天尤人，无所作为。大多数人在职业选择上都有过理想和现实的争斗，尤其是年轻人，不甘心青春的激情一点点被磨灭、理想一点点地走远，却又茫然不知所措。理想与现实的距离到底有多远？

受声望地位、保健、发展等因素的影响，大多数人在选择职业时更倾向于选择知名度高、规模大、位居大城市、薪水高、福利好、符合自己的兴趣爱好、有发展机会的工作单位。

在职业选择中，应届毕业生和非应届毕业生也存在差异。大多应届毕业生更理想化，即优先考虑自己的专业和兴趣，看职业是否有利于个人的发展，然后才考虑经济收入的高低；而大多非应届毕业生则把经济收入的高低作为首选因素。

按照职业价值观与需要理论，人们行为的动机是需要。选择职业的目的就是满足人生的需要。因此，职业价值观是人们对各种需要的重视程度的反映。职业价值观有三个因素和人们的需要相对应：保健因素和生理需要、安全需要相对应，声望地位和尊重需要相对应，发展因素和自我实现需要相对应。职业价值观是逐渐提高的，人的职业发展也应是向着理想发展的。中职学生所受的文化教育使他们具有了自我实现的理想，但是在保健因素得不到稳定的保障而又存在着获取更多物质利益可能性的情况下，他们的行为就开始向满足低层次的物质需求回归，并不完全像马斯洛的"需要层次论"所描述的那样，从低级需要向高级需要循序渐进，于是他们的理想和现实开始出现距离，思想变得迷茫，急需有人帮助他们重新找到方向。

小故事

我有一个梦想

曾有一个14岁的男孩在家乡奥地利格拉茨市的一家商店橱窗里看到了一本健美类杂志，封面人物是英国演员雷格·帕克（Reg Park），照片是他在电影里扮演大力神的造型。这个男孩对自己说："嘿！我的榜样就是他了！我要像雷格一样赢得'环球健美先生'称号，我要像雷格一样进军影坛，我要成为亿万富翁，然后从政！"

当这个稚气的男孩信誓旦旦地说出他的人生梦想时，朋友们都觉得他太疯狂了，认为骨瘦如柴的他在做白日梦。连他的母亲也不相信他的梦想，她一直希望他成为一个木匠。

后来，这个男孩去了美国，投身电影业。他拍摄的第一部影片是《大力神在纽约》，第三部影片《饥肠辘辘》为他带来了一座金球奖奖杯。他并不满足，他有更大的梦想，他对自己说：我并不在意是否会成为一名演员，我将成为一个明星，而且每个人都将知道我的名字。之后，他因《终结者》系列电影受到电影生涯中前所未有的好评，跃升为一线国际影星。

他在56岁时宣布参加加利福尼亚州州长选举。他的夫人玛丽亚回忆说："当时除了我们两个，没有人能够觉察出他的潜力。每个人都在嘲笑他的梦想。"他越挫越勇，毫不示弱，终于在选举中大获全胜，当选为美国加利福尼亚州州长，登上了他的梦想之巅。

更令人难以置信的是，2006年11月，60岁的他连任美国加利福尼亚州州长。他就是心怀狂热梦想的阿诺·施瓦辛格（Arnold Schwarzenegger）。

二、困难与挫折的含义

困难与挫折是一种普遍存在的心理现象，是个体从事有目的的活动时遇到无法克服的障碍或干扰而产生的紧张状态和情绪反应。通常所说的挫折包括挫折情境与挫折感受。挫折情境（又称挫折源）是个体活动的一种特殊环境，是阻碍人们实现目标、满足需求的情境，如毕业生求职失败。挫折感受是指个体因挫折情境而产生的心理感受和情绪状态。面对同一挫折情境，不同的人有不同的反应，有的反应轻微，而有的人则反应强烈。

每个人都希望自己的生活中能够多一些快乐少一些痛苦，多一些顺利少一些困难和挫折，可是由于自然因素、社会因素、家庭因素、个人因素等条件的影响，每个人或多或少都会遭受一定程度的失落、痛苦和挫折。往往成就越大的人，其成功前所经历的困难和挫折也越大。孙中山先生是中国革命的先驱者，历经十余次大大小小的失败，但永不言弃，终获武昌起义的成功。爱迪生为改进电灯做了千余次试验。贝多芬一生中几次濒临崩溃的境地：度过悲惨的童年生活后，青年时代孤独失意，人到中年又不幸双耳失聪，备受打击。但他一直坚持创作，最终成为世界知名的音乐家。他们是不幸的，因为他们遭受了巨大的打击；他们又是幸运的，因为打击使他们变得更加强大。

> **小讨论**
>
> 面对困难和挫折，不同的态度会产生不同的结果。只有那些善于把前进道路上的绊脚石变成垫脚石的人，才能获得成功，实现生命的价值，享受真正的人生。你印象最深刻的一次挫折是什么？你是如何克服它的？它对你有什么样的影响？

三、困难与挫折的作用

德国作家歌德（Goethe）说："凡不是就着泪水吃过面包的人是不懂得人生之味的人。"困难与挫折是每个人前进路上的"雕塑家"，它会把前进中的人打磨并塑造成全新的形象，或锋芒四射，或有惊人之举。生活中很多人在经受挫折的磨炼，一些人承受不住挫折终被压垮，而一些人顶着困难与挫折的考验挺立，取得成功。

（1）困难和挫折能够增长人的聪明才智。困难和挫折能促使人去认真总结教训，探究发生困难、导致失败的原因，寻求摆脱困境、走向成功的途径。于是，挫折之后的思考、总结、探索、创造的过程就成为人们提高认识、增长才干的过程。

（2）困难和挫折可以激发人的进取精神。对于有志者来说，困难和挫折的发生会激发再努力、再加劲的想法与勇气，唤起人的自信心，激发人的进取心。

（3）困难和挫折还能磨砺人的意志品质。困难和挫折对人是一种打击，给人增加了一定的压力。但是，压力能够磨砺人的意志，造就人才，它能使懦弱变为勇敢，使摇摆变为坚毅。

知识卡片

焦虑、冷漠与压抑

焦虑是个体遭受挫折后常见的一种心理反应，患焦虑症的人以广泛性的、持续性的焦虑或反复发作的惊恐不安为主要表现。个体在受到挫折后，自尊心受损、自信心丧失、失败感和愧疚增加，形成一种由紧张、不安、忧虑、恐惧等感受交织而成的复杂情绪，这种情绪被称为焦虑。适度的焦虑对一个人提高效率、激发潜能有一定的积极作用，但过度焦虑对个体的身心是有害的，有时会导致心理疾病。

冷漠是一种复杂、隐蔽、消极的心理反应。个体在遭受挫折后，常常对外界表现得漠不关心、无动于衷，似乎没有情绪反应，其实是把愤怒和痛苦暂时深埋在了心底。冷漠常在个体不堪忍受挫折、攻击行为无效或无法实施又看不到改变境遇的希望时发生，也可见于长期反复遭受同一挫折而无能为力的情境中。冷漠的人往往将痛苦压抑在内心深处，这会使他们的心理遭受巨大的伤害。

压抑是一种在心理上感到束缚、抑制、沉重、烦闷的消极心态。一个人会无意识地将令自己感到痛苦的思想、感情、意向和经历抑制到潜意识中，不去回忆，主动遗忘。被压抑的痛苦经历并没有消失，而是被埋藏起来，它常常会不自觉地对人们的心理和行为产生影响，并且一旦出现相似的情境就会表现出来，从而对个体造成更大的威胁和伤害。

四、困难与挫折的应对

每个人都不应拒绝困难与挫折的内心体验，都要用积极向上的心态去把这种磨难转换成一种力量，真实地感悟生活，坦然面对人生。

（一）学会幽默，自我解嘲

幽默、自嘲是宣泄积郁、平衡心态、制造快乐的良方。当遭受挫折时，不妨采用阿Q的精神胜利法（如"吃亏是福""破财免灾""有失才有得"等）来调节一下自己失衡的心理；或者冷静看待挫折，用幽默的方法调整心态。

（二）调整目标，再接再厉

中职学生受到挫折，多数原因是期望超过了自己的实际可能。这时可以把大目标分解成若干个小目标，通过实现小目标来逐步实现大目标。

（三）强化心理，自我疏导

中职学生要强化自尊、自信、自强的心理素质，通过调节情绪，升华情感来应对困难和挫折。

1. 自尊是立身之基

古人云，"欲要人重，必先自重"。一个没有自尊的人很难获得别人的尊敬。一个人只有时刻注意检点自己的社会形象和文明行为，注重提高社会公德和职业道德，才能赢得他人的尊重。自尊的人应把自尊与自爱结合在一起，建立正确的荣辱观，倍加珍惜自己的人格和名声。

2. 自信是力量之源

自信是人对自身力量的一种确信，深信自己一定能做成某件事，实现所追求的目标。有了这种信念，人就能发挥出自身全部的力量，从而创造奇迹。但自信不能停留在想象上。要想成为自信者，就要像自信者一样去行动。我们在生活中自信地讲了话、自信地做了事，自信就能真正确立起来。面对社会环境，我们每个自信的表情、自信的手势、自信的言语都能真正在心理上培养我们的自信。

要想做到自信，一是要确信自己不比别人差，二是不要怕困难与挫折。但凡杰出人物，都是凭借着强大的自信激发自身潜力而获得辉煌成就的。

3. 自强是立身之本

自强是中华民族的传统美德，是支持着中华民族自立于世界民族之林的一种精神、一种信念、一种境界，是流淌在中华民族血管中生生不息的"血液"，是中国人民代代相传的传世之宝。人生免不了各种挫折和磨难。面对苦难，只有自强才能令自己在默默中积蓄力量，让自己变得更强，最终战胜各种艰难险阻。

4. 转移视线，升华情感

遭受挫折后，个体常常会感觉度日如年，这时可以通过自己喜欢的方式（如集邮、写作、练书法、画画、唱歌、跳舞、体育锻炼等）使情绪得以调节，情感得以升华。例如，作家歌德年轻时曾因为失恋而痛苦万分，几次想自杀，但最终做出了理智的选择，升华了自己的情感。他用自己破灭的爱情当作素材，写出了世界名著《少年维特之烦恼》。

走近生活

2020 年 6 月，浙江温州一对农民夫妻跳舞的视频走红网络。视频中，夫妻俩穿着普通的衣服，在房前空地抑或田间地头，迈着简单却整齐的步伐，随着音乐跳着欢快的舞蹈，脸上的笑容溢出了屏幕。没有华丽的舞台，没有绚烂的灯光，但就是这样平凡又真实的快乐感染了无数人。夫妻俩在多年前曾经有过一段痛苦不堪的经历：丈夫意外发生车祸，患上了严重的心理创伤后遗症，经济和生活的重担几乎都压在了妻子身上。为帮丈夫恢复健康，也为缓解自己的压力，妻子开始带着丈夫学习跳舞。慢慢地，丈夫的心情从忧伤中解脱出来了，他们不再被曾经的痛苦困住，开始重新面对生活。这对夫妻的故事就是积极面对人生的生动诠释。作为一名中职学生，当在学习和生活中遇到困难与挫折时，不要害怕，更不要逃避，应勇敢地去面对，去迎接挑战。

问题：收集有关困难与挫折的名言，找出一句作为激励自己战胜挫折的座右铭，并把自己的感想与同学进行分享。

第三节　青春期话题

青春期一般指人的发育过程中，介于儿童期和成年期之间的过渡期，是人生第二个生长发育的高峰。青春期所发生的一系列形态、生理、生化及心理和行为的改变程度，对每个人来说，都是他一生中其他年龄阶段所不能比拟的。

一、青春期的生理特点

青春期的生理特征主要表现为身高、体重、胸围等形态方面的增长，神经系统、肌肉力量等机能方面和速度、耐力、灵敏度等身体素质方面的变化都很大。更为突出的是各种激素相继增加，性器官、性功能迅速成长，从不具有生育能力逐步走向性成熟。青春期是身体成长的定型阶段，也是学识奠基、性格定型、心理健全的关键时期。

青春期体态的发育具有明显的性别差异，这种差异主要表现在体态发育的起止早

晚、突增幅度和变化的侧重部位等。女孩在9~10岁时身高、体重、肩宽、骨盆宽的发育水平都超过同龄男孩。而男孩到18岁左右时各项发育水平指标的绝对值都较女孩的高。发育的早晚也可引起体型上的变化，早发育的停止发育也早，成年后可能比晚发育的矮而胖，常常形成肩窄、骨盆宽的体型；晚发育的则往往长成肩宽、骨盆窄的细长型。

进入青春期的青少年不但身高、体重迅速增长，而且神经系统和内脏器官的生理功能都在迅速增强。大脑对人体的调节功能大大增强，推理与论证等能力都会逐步提高，易接受新生事物。大脑皮质的兴奋性较强，遇事好冲动，思维和注意力较差，但可塑性强。心肌增厚，心缩增强，心功能显著提高。青春期激素分泌明显增加，刺激性器官明显发育，第二性征开始出现。男性睾丸发育成熟，出现第一次遗精；女性卵巢发育成熟，月经来潮。与此同时，男女发育的外部特征也开始出现，男性开始长出喉结、胡须，声音变粗；女性乳房突起，声调变高。

二、青春期的性心理

青春期是性生理发育成熟、性心理逐渐趋于成熟的时期，性生理成熟与性心理尚未完全成熟的矛盾、性的生理需求与性的社会规范的冲突使青少年产生了一系列心理卫生问题。

（一）性意识的觉醒

一个人的生理变化是心理变化的基础，其性生理的发育必然带来性意识的发展，青春期生理的变化促使少男少女有了性意识的萌芽。人生的未来在很大程度上取决于这个阶段的引导、教育是否得法。如果性意识觉醒后得不到及时的教育和正确的引导，再加上现实生活中各种性信号的刺激，就会使性意识迅速发展、强化，整个思想被性意识所占据，过早地谈恋爱，很容易荒废学业，甚至道德败坏、违法乱纪。

青春期性意识具有前倾化、盲目性、幼稚性等特点。人们常说的早熟就是性意识前倾化、性意识提前觉醒。由于这一阶段人尚处在身体与人格的发育之中，因此前倾化带来的问题便是性成熟与人格成熟之间的不平衡，这种不平衡也就成了青春期不正当性行为增加的原因之一。青春期学生朝夕相处，接触频繁，情感强烈，极易进入"热恋"，表现出性意识的盲目性和幼稚性。一旦遇到不法分子的诱惑，由于缺乏知识、经验和理智，往往会偏离思考和行动的明确准则而上当受骗，甚至走上犯罪的道路。

因此，应注意培养自身的鉴别能力及道德观念，积极参加各种有益于身心健康的文艺、科技、体育活动，把旺盛的精力集中到努力学习、全面发展、追求进步上去。青少年有了多种多样的兴趣，性意识也就分散了。

此外，在性意识的觉醒方面，女性成熟早于男性，这主要是因为女性的性器官及其功能的成熟一般要比男性早两三年。性意识的产生及教育是一个复杂的问题，教育上的一个准则是根据青少年的心理共性结合各人特点因材施教，进行有针对性的教育。

（二）性心理问题的表现

人类的存在和发展离不开性。性与爱情是紧密地联系在一起的。青少年正处在性生理和性心理发育的高峰期，如何恰当地处理性与恋爱中复杂而又不得不面对的问题、如何培养健康的性心理和行为习惯是我们必须认真对待的问题。性心理是围绕着性征、性欲和性行为展开的心理活动。了解性心理的特点，有助于青少年身心的健康发展。青春期性生理发育的成熟和性心理发育的明显滞后之间的不平衡，使得青少年在整个性成熟的过程中始终伴随着紧张、困惑、焦虑、苦恼和矛盾冲突等心理状态。常见的性心理问题主要有以下几种。

1. 性困惑

性困惑是指对性生理变化缺乏必要的心理准备而产生的不适现象，如由于生殖器官的发育、阴毛生长、乳房增大、月经、遗精等现象的出现而引起的紧张、不安、焦虑、恐惧和自卑等。性不是丑恶的，如果父母不给孩子正确引导，必会给孩子的成长造成障碍。因此，我们应当用科学的性知识解开青少年心中的困惑。

2. 性幻想

性幻想是人类最常见的性现象，是一种带有性色彩的精神自慰行为，是在没有异性参与的情况下，个人在大脑中进行的自我满足的性欲活动。性幻想是性成熟过程中一种正常的生理心理现象。如果青少年的性欲受到长期的压抑，没有合理合法的宣泄途径，就常会有性幻想发生。性幻想达到难以控制的程度时，就会干扰正常的学习和生活，甚至取代必要的人际交往，形成"强迫性性幻症"和"自闭症"，从而失去对生活的整体把握。因此，中职学生应注意科学、合理、适度地利用性幻想，避免其副作用的产生。

3. 性焦虑

性焦虑是由与"性"相关的问题引发的紧张、不安、担忧、恐惧、自卑等心理状态。青春期的性焦虑主要包括性体象问题、经前紧张、遗精焦虑等。

（1）性体象问题。性体象问题是指个体对自己的身体形态、发育状况的印象及由此产生的负面情感和心态。例如，男生为自己的粉刺、雀斑、胡须疏密、少年白发、秃顶等感到难堪；女生为乳房小、阴唇不对称、阴毛稀少等而担忧，感到苦恼。生理上有某些缺陷者所产生的性体象问题可能更为严重。这些问题的长期困扰会使青少年的自信心受到严重挫伤，影响其人格的正常发展。

（2）经前紧张。经前紧张是指女性月经来潮时，由于生殖器官系统尚未完全成熟、性无知和情绪不能控制等而产生的一种全身性的生理心理反应。其主要表现有下腹腰骶部沉重、下坠、腰酸、轻度腹泻、便秘、头晕、乳房肿胀、容易疲劳、忧郁等。

（3）遗精焦虑。遗精焦虑是指男生由于陷入对遗精的认识误区而产生的惊恐、疑虑等心理状态。这种心理状态时间一长，就会引起神经衰弱、头晕耳鸣、神疲乏力、腰酸腿软、记忆力下降、多梦心悸等；若进一步自责，则可能加重全身症状，形成恶性循环。

4. 性自慰

性自慰又称手淫，是指用手或其他器具对性器官进行刺激，以宣泄性冲动的一种方式，多见于青春期的男性。过度手淫会导致精神萎靡、记忆力减退、神经衰弱等病症，对身体发育也会造成不良影响。对手淫的罪恶感还会令人背上沉重的心理包袱，故手淫不宜提倡。我国医学专家吴阶平教授关于如何对待手淫的一段话对我们是很有启示的：不以好奇去开始，不以发生而烦恼，已成习惯要有克服的决心，克服以后就不再担心，这样便不会有任何不良后果。

5. 性心理障碍

性心理障碍又称性变态、性欲倒错等，是指在两性关系上心理偏离正常并导致行为异常，表现为寻求性欲满足对象的歪曲和性行为方式的异常，对于一般人的性活动通常没有要求，甚至心怀恐惧。

性心理障碍大体可分为以下三种类型：性取向障碍，如异装癖、恋物癖、恋童癖、恋兽癖等；性偏好障碍，如露阴癖、窥淫癖、性器摩擦癖、色情狂、施虐癖、受虐狂等；性身份障碍，如异性癖等。

知识卡片

性心理健康的标准

（1）正确认识和接纳自己的性别。一个性心理健康的人能正视自己的性心理发育、性心理变化，能在所处的社会环境中正确评估自己，能客观地评价自己和他人并乐于承担相应的性别角色。

（2）具有正常的欲望。性欲是能够获得性爱和性生活的前提条件。具有正常的性心理首先要具有性欲望，如果没有性欲望就不会有和谐的性生活，就会影响性心理健康。性欲望的对象要指向成熟的异性个体，而不是其他物品等替代物。

（3）性心理和性行为符合年龄特征，即性生理和性心理的发展要保持统一。

（4）正确地对待性变化。个体在生长和发育过程中，性心理因素、性生理因素和性社会因素是交互呈现的，个体在其中要建立自我同一性才能保持三者的和谐状态。这就要求个体能够正确对待性生理成熟所带来的一系列身心变化，在出现性冲动后，能够正确释放、控制、调节性冲动，使之符合社会规范的要求等。

（5）对性没有恐惧感。能够把性作为生活的一部分而科学对待，不存在对性的恐惧和怀疑。

（6）和异性保持和谐的人际关系。在交往过程中，要保持独立而完整的人格，做到互相尊重、互相信任。

（7）性行为方式正当、健康，符合社会伦理道德规范。

（三）性心理障碍的成因

性心理障碍不是凭空产生的，它有复杂的背景因素。人类的性心理活动是生物因素、心理因素和社会因素共同作用的结果，其中任何一种因素的异常都会导致个体性心理的异常。近年来，性心理障碍的成因已引起越来越多心理学家的重视，并取得了许多研究成果，简单来说有以下三个方面。

1. 生物学遗传因素

导致性心理障碍的生物学因素比较复杂，遗传、免疫、神经递质、神经发育、激素水平、脑结构和功能等方面的异常在这类疾病的发生发展中起着重要的作用，目前科学家对此正在做进一步的探索研究。生物学遗传因素是性心理障碍的发病基础，但仅仅具备生物学遗传因素并不一定表现出性心理障碍。只是在具备了生物学遗传因素后，叠加特定的心理、社会因素等，个体更容易产生性心理障碍。

2. 心理学因素

奥地利心理学家弗洛伊德（Freud）认为人格由本我、自我和超我三大系统组成，它们互相协调，使人能够有效而满意地与外界环境进行交往，满足人的基本需要和欲望；相反，当人格的这三大系统互相冲突时，人就会处于失调状态。人的心理障碍之所以形成，不在于精神活动内部，而是因为对环境刺激形成了条件反射。

3. 社会因素

形成心理障碍的社会因素包括政治、经济、宗教、文化教育、伦理道德、风俗习惯、生态环境和家庭、人际关系等诸多方面。性心理障碍的形成也离不开这些因素的影响。如今，一些青少年沉迷于网络，产生网络性心理障碍。

三、健康性心理的养成

（一）性冲动的调适

性冲动是一种对性行为的渴望或者冲动，它不仅限于性器官，还涉及整个身体和整个心灵。处于青春期的青少年如果受到内、外部环境的刺激，如窃窃私语、异性体味体貌、抚摸、想象等，就会产生神经冲动，这种冲动传导到大脑的有关中枢即形成性兴奋，性兴奋通过神经系统作用于生殖器官，导致生殖器官发生变化。性冲动是青少年青春期身心发展的结果，是正常的生理心理反应，但是这并不意味着可以随心所欲地满足自己的性冲动。因为个人的性行为要受到诸多方面（如个人、社会、道德等）的约束，要发育到一定的年龄，有合适的对象，具备一定的条件。因此，青少年必须学会用理智驾驭自己的行为，掌握一些正确的调节方法，以化解这股青春期躁动的能量。

1. 升华

性冲动的升华包括两方面的含义：① 生理上的性冲动可以转变为某些比较高尚的精神活动；② 性冲动一旦转变了方向，就不再需要以性冲动方式满足需求了。例如，许多青少年把生理冲动积聚的能量升华为科学创新和进行一些科技性的挑战，一些青少年以有益的文娱体育活动来满足生理上的需要，等等。

2. 转移

转移即不忘记自己的志向和抱负，珍惜大好的学习时光，全身心地投入紧张的学习和提升自己综合素质的各项社会活动中。让青春的活力在集体、广泛地与异性交往的活动中释放，不把年轻的生命仅仅耗费在恋爱方面。

3. 克制

克制性冲动是人类的一种普遍社会现象，是人类在性行为上区别于动物的根本标志。因此，从思想、身心、学业和事业的健康发展看，中职学生应将性冲动克制在道德、法律和学校的纪律规范之内；如果放任自己的性冲动，则不仅会给别人带来痛苦，也会影响自己的学业和成才。

（二）拒绝性诱惑

人的一生是短暂的，青春期更是非常短暂。每个处于青春期的中职学生都应努力养成良好的行为方式，立下大志，勤奋学习，增强体魄，为自己一生的发展奠定良好的基础。中职学生在业余时间应多看健康的书报、影视作品和图片，尽量回避描写性的低劣纸制品；不上黄色网站，不看色情淫秽录像；与异性交往时，不谈论不雅的内容。

（三）进行性保护

（1）避免婚前性行为。中职学生要强化责任意识，对自己、对朋友、对父母、对社会应承担不同内容与程度的责任。加强性道德修养，提高自身的性文化素质，在两性交往中尊重自己及对方的尊严，理智严肃地对待恋爱中的性行为，避免发生婚前性行为。另外，还要学习有关避孕的知识，以防患于未然，保护身心的健康。

（2）预防性传播疾病。性传播疾病是指由于性的亲密接触而感染的疾病。其中大多数是由于不洁的性行为或者与患有性传播疾病的人接触而受到感染的，但也有少部分是由其他途径感染的。性传播疾病对人类健康有着重大的威胁。让自己免受性传播疾病的侵犯，是每个人都要全力以赴做的事。

艾滋病属于性传播疾病的一种，它具有极其严重的社会危害性。艾滋病全称为"获得性免疫缺陷综合征"，其英文缩写为 AIDS。该病死亡率极高，被称为"20 世纪新瘟疫"和"超级癌症"。这是一种由人体免疫缺陷病毒引起的人体免疫防御系统方面的疾病。它的传播方式有性传播、血液传播、母婴传播等。预防艾滋病要从六方面做起：洁身自爱，遵守性道德；进行安全的性行为；及时地治疗性病；避免不必要的输血和注射；远离毒品，不共用注射器注射毒品；避免母婴传播。

青少年时期的经历直接决定着一个人一生命运的走向。在人生的十字路口充斥着各种诱惑及陷阱，一步走错，再回头就难了。青少年因性心理失调而引发的社会问题近年正呈上升趋势，中职学生应引以为戒，积极调适自己的性心理，远离不健康的生活方式和思想意识，把问题消灭在萌芽状态，为明天的成就奠定坚实的基础。

走近生活

2019 年，电视剧《少年派》热播，该剧围绕四个家庭讲述了四个来自不同家庭教育环境的孩子，历经青春期的躁动与不安，最终收获成长的故事。该剧从多元的角度展示了青春期男女单纯的青春萌动和老师、家长对待青春期的青少年身心成长变化的小心翼翼。

问题：青春期的青少年容易出现的问题有哪些？为什么？这些问题在你身上出现过吗？你是如何解决这些问题的？

第四节 情绪的调适

青春期的少男少女在憧憬新的生命历程，但内心世界与社会现实常常发生矛盾冲突，从而引发各种情绪问题。

一、情绪的成因

在每个人的身上都存在着这样一种神奇的力量：它可使人精神焕发、干劲儿倍增，大大提高学习和工作效率，也可以使人无精打采、萎靡不振，大大降低学习和工作效率；它可以使人头脑清醒，冷静理智地处理各种问题，也可以使人暴躁易怒，在感情冲动时失去理智，做出后悔莫及的事情；它可以使人经常处在平和安宁的心境状态，从容安详地生活，也可以使人不断处在紧张恐慌的心理状态，惶惶不可终日。总之，它可以使生活充满甜蜜和欢乐，也可以使生活抑郁烦闷。这种神奇的力量就是情绪。

情绪常常让人们觉得难以把握，它不是无缘无故产生的。人们面对环境中形形色色的事物，会体验到各种情绪情感。情绪是一种独特的而且涉及面广泛的心理现象，归纳起来，它的产生主要取决于以下三个因素：

（1）刺激情境。情境是直接作用于人的感官，具有一定生物学意义和社会意义的具体环境。引发情绪的情境大多来自外界，如优美的音乐、舒适的环境。内在的心理方面的刺激也会引发情绪。例如，回忆一段痛苦的往事会勾起悲伤、烦恼的情绪，想象自己将实现的某个愿望会产生兴奋、快乐的情绪。每种情绪的产生都存在或隐或现、或直接或间接的刺激。

（2）主观体验。人们在认识外界的各种对象和现象时，会对刺激情境做出种种判断和评价，确定什么事物符合主体的需要、什么事物不符合主体的需要。这种判断和评估是以主体已有的认知结构（已有经验）为基础的，而"萝卜白菜，各有所爱"这句俗语就说明了人们从自己的需要出发，对不同事物产生不同的情绪体验。

（3）个人的生理状态。当情绪发生的时候，会伴有内脏、内分泌、神经系统，以及外部表情、动作的变化，它们是被情绪激发出来的。而在情绪尚未发生之时，个人当时已具备的生理状态也会影响情绪发生的难易、强弱和时间长短。例如，一个人喝了适量的酒之后，生理活动会被激发到较高的水平，神经兴奋；此时，不管对他赞扬还是挑衅，他都会迅速表

> **小讨论**
>
> 各种各样的情绪丰富了我们的生活。请结合自己的生活实际，体会一下自己处在愤怒、恐惧、痛苦等消极情绪状态下的感受，并说说这些消极情绪对自己的生活、学习产生的影响。

现出相应的情绪状态。此外，生理学和遗传学的研究表明，某些可遗传的体内生化特性、神经特性及染色体的结构对人的情绪也有一定影响。

二、情绪的合理表达

情绪表达是指人们用来表现情绪的各种方式，其功能就是纾解情绪水位，使水位下降。因为我们必须在社会中生存，所以情绪表达当然就必须以不伤害别人、不伤害自己等符合社会规范的方式表现，否则会产生大量新的负面情绪，这对于情绪水位的纾解不但没有帮助，还有可能使其严重化。情绪表达要达到的目标是：能感受并辨别自己和他人的情绪，并能用准确的语言加以描述，能理解自己和他人的情绪并用恰当的方式加以调节。

（一）能恰当地表达对他人的正性情绪

正性情绪包括喜欢、欣赏、称赞、感激等。有社交焦虑的青少年常羞于向人表达自己的喜欢和欣赏，并把称赞别人当作奉承。多数人都喜欢那些喜欢自己的人，你对别人的称赞发自内心，别人就会由衷地快乐。感激的表达同样重要，有些人认为，别人为自己做了事，自己心里记着就行，不必说出来。这个观点是错误的，你不说出来别人就不会知道，还会误以为你缺乏感恩之心。

表达情绪的基本原则是对事不对人，就事论事，实事求是。下面介绍一些参考句型，大家可以根据自己的情况加以修改，并以角色扮演的方式加以练习。

表达喜欢："我喜欢你为人的真诚，这使我和你相处时感觉放松。"

表达欣赏："我欣赏你的这个观点，它有独到之处。"

表达感谢："谢谢你的帮助，现在我感觉好多了。"

表达关切："需要我为你做点儿什么吗？"

知识卡片

情绪 ABC 理论

ABC 理论又称理性认知情绪疗法，由美国著名心理学家阿尔伯特·埃利斯（Albert Ellis）于 20 世纪 50 年代首创。ABC 理论认为，在很大程度上，我们对环境中事件的知觉和评价决定了我们对事件的情绪和行为反应。人们在生活中所经历的讨厌的事件或"压力源"之所以被贴上"痛苦"或"压力"的标签，并非由这些事件或"压力源"引起，而主要是人们的某些不合理信念造成的。事情本身无所谓好坏，但当人们赋予它自己的偏好、欲望和评价时，便有可能产生各种无谓的烦恼和困扰。这也就解释了为什么面对同样的事情，不同的人会有不同的反应。

在 ABC 理论中，A 代表诱发事件（activating event）；B 代表个体对这一事件的看法、解释及评价，即信念（belief）；C 代表继这一事件后，个体的情绪反应和行为结果（consequence）。诱发事件 A 只是引起情绪及行为反应的间接原因，而人们对诱发事件所持的信念、看法、解释 B 才是引起人的情绪及行为反应的直接原因。一般来说，人们会认为诱发事件 A 直接导致了人的情绪和行为结果 C，发生了什么事就会引起什么样的情绪体验。其实不然，对于同样一件事，不同的人由于对事件的解释不同，会产生不同的情绪体验。例如，两个人英语四级考试都没通过，一个人无所谓，而另一个人却伤心欲绝。前一个人可能认为，这次考试只是试一试，考不过也没关系，下次可以再来；后一个人则可能认为，精心准备了那么长时间，竟然还没考过，别人会认为自己太笨了。由此可见，诱发事件并非必然导致某种情绪和行为。不同的看法和解释会使人的情绪和行为大相径庭。

（二）能恰当表达自己对他人的负性情绪

负性情绪包括不满、生气、失望、愤怒等。我们通常都认为，一定要将自己对他人的不满或生气、愤怒等情绪加以克制和掩饰，否则就会影响人际关系。其实，良好的人际关系不是靠克制和掩饰维系的，真诚相处的人不必隐藏自己的不满甚至愤怒，说出来不仅有利于及时解决人际冲突，还能以一种较为安全的方式释放自己的负性情绪。

当然，这里有两个前提：一是要确认自己的不满不是小题大做，二是要以恰当的方式加以表达。表达负性情绪的原则和表达正性情绪的原则一样。可参考的句式如下：

"你这样做让我感觉很不舒服。"

"你做的××事让我感到受到了伤害。"

"你做的××事让我很生气。"

"我不喜欢你用那种态度和我说话。"

（三）能准确理解并回应他人的情感

别人对我们表达情绪、情感，如果我们无动于衷，就会使对方产生强烈的受挫感；如果能准确回应别人的情绪、情感，则会使对方感到欣慰、快乐甚至感激。例如，理解并回应别人正性或负性情绪的句式如下：

"我真为你高兴……"

"我很高兴你能让我分享你的喜悦……"

"你很苦恼，这种事的确很难处理。"

"你感到很为难，我能理解。"

我们对不可逆的事件能够忍受，但对负性情绪则不能忍，因为负性情绪积累到一定程度就会产生很大的破坏作用。坏情绪就像垃圾，积攒多了人就会无法忍受。当然，坏情绪也不能随意发泄，只有选对了人、时间及表达方法，才可以宣泄自己的负性情绪。

情绪管理的重要性

有一个男孩有着很坏的脾气，于是他的父亲就给了他一袋钉子，并且告诉他，每当他发脾气的时候就在后院的围栏上钉一根钉子。第一天，这个男孩就钉下了37根钉子！慢慢地每天钉下钉子的数量越来越少。他渐渐学会了控制自己的脾气。终于有一天，这个男孩不再乱发脾气了。

父亲又告诉他，现在开始每当他能控制自己脾气的时候就拔出一根钉子。一天天地过去了，最后男孩告诉他的父亲，他终于又把所有钉子都拔出来了。父亲牵着他的手来到后院说："你做得很好，我的孩子。你现在看看围栏上的那些洞，这些围栏将永远不能恢复成从前。你生气的时候说的话就像这些钉子一样留下疤痕，不管你说了多少次对不起，那个伤口将永远存在。话语的伤痛就像真实的伤痛一样令人无法承受。"

三、青春期常见的情绪问题

青春期常见的情绪问题主要表现为抑郁、愤怒、焦虑、自卑、消沉、恐惧等。

（一）抑郁

抑郁是中职学生中常见的情绪困扰，常常表现为情绪低落，焦虑不安，凄凉悲哀，暗自伤心流泪，对任何事情都不感兴趣，不愿与人交往，感到处处不如意，总觉得有什么不幸的事情要发生；抑郁严重的，会悲观厌世，甚至想轻生。对于大多数人来说，抑郁只是偶尔的、暂时的，以轻度表现为主；如果长期处于抑郁状态，就会导致抑郁症，产生神经衰弱，并伴有性格孤僻、内向、不爱谈吐与交往等特点。

（二）愤怒

愤怒是个人的欲求和意图遭到妨碍，被人阻止时产生的一种消极情绪体验。持续时间越长，愤怒就越强烈，行为就越难以控制。中职学生正值青春期，情绪的自我调控能力较差，冲动性较为明显，常常无缘无故地发脾气，甚至大打出手。在日常生活中，引起愤怒的原因有很多，每个人都不可避免地会产生愤怒的情绪。然而无论正常与否，愤怒均是一种有害的情绪状态，这种无意义的情感冲动常常会给人带来意想不到的麻烦，不仅令同学关系疏远、师生关系紧张，而且长期、持续的愤怒对个体健康的损害也是极大的。

（三）焦虑

焦虑是在人们面临不安或危险的情境时产生的，它是一种紧张、害怕、担忧混合交织的情绪体验。当人们面临威胁或预感到某种不良后果时，便会产生这种体验。适度的焦虑可以唤起人的警觉，让人集中注意力、激发斗志，是有利的。例如，考试对学生而言是一种情境性焦虑，是一种紧张刺激，引起焦虑反应是正常的。研究表明，中等程度的焦虑最有利于考生水平和能力的发挥，而过高的焦虑或无焦虑则不利于学生能力的正常发挥。

（四）自卑

自卑，简单地讲就是自己轻视自己，自我否定，自惭形秽。自卑感是对自己评价过低而产生的压抑、羞愧的一种情绪情感体验。自卑感人皆有之，因为人无完人。每个人在生理、容貌、才华、人品、生活角色等方面都有过人之处，但也有不尽如人意之处，如果过分看重，影响到学习、工作、生活的正常进行，就会导致心理疾病。失败引起自卑，自卑导致失败。自卑是心理暂时失衡的一种心理状态。中职学生中自卑心理常表现为害羞、胆怯、不自信，感到焦虑、害怕失败。女生的自卑感较男生强烈，可能受不良的社会文化和角色认同作用的消极影响所致。

（五）消沉

消沉是一个人的内心世界与外部环境不协调时的反应，是人们对待世界的一种自我保护反应。消沉的人往往有如下外在表现：情绪明显低落，对什么都不感兴趣，烦躁、悲观、忧郁；有的伴随生理上的反应，如头痛、失眠、厌食、消化不良等；压抑自己的情绪，不让它表现出来或发泄出来易造成精神萎靡，身心疲劳，工作、学习效率低。

（六）恐惧

恐惧主要是指社交恐惧。这是一种在青少年人际交往，特别是异性交往过程中产生的极度紧张、畏惧的情绪反应。有的学生在与人交往时，会不自觉地感觉紧张、害怕，以致手足无措、语无伦次，有些甚至发展到害怕见人的地步。患有社交恐惧症的人往往表现出明显的焦虑和回避行为。当他们意识到将要接触到其所恐惧的交往情境时，会预先产生紧张不安、心慌、胸闷等焦虑症状。有些学生的社交恐惧常常以与某一异性交往的情境为恐惧对象，随着症状的加重，恐惧对象还会从与某一异性交往的情境泛化到与其他异性交往的情境，甚至与其他无关人员交往的情境。

知识卡片

青春期矛盾心理的主要表现

青春期生理发育与心理发展处于一种不平衡的状态，容易引起许多心理发展上的矛盾。

（1）青春期反抗与依赖心理并存。青春期的青少年会产生强烈的成人感，对家长等人的意见有抵触情绪，但内心并未完全摆脱对家长等成人的依赖，这种依赖更多地表现为精神上的理解、支持与呵护。

（2）青春期闭锁与开放心理并存。一方面，青春期的青少年逐渐将自己的内心封闭起来，内心活动更加丰富；另一方面，青春期的青少年更易产生孤独、寂寞等情绪，会不断寻找朋友。

（3）青春期勇敢与怯懦心理并存。青春期的青少年有时表现得很勇敢，"初生牛犊不怕虎"；有时又表现得比较害羞、怯懦。

四、不良情绪调适的方法

积极情绪有利于人的身体健康，而消极情绪则会给人的机体带来损害。人在生气的时候，体内免疫细胞的活性会下降，人体抵抗能力会减弱，容易受到病毒的侵害，导致疾病。人情绪低落的时候，体内还会分泌出一种有毒的激素，这种激素聚积起来会形成和漂白粉一样的分子结构，对人体产生不利的影响，久而久之，就易患上慢性病甚至癌症。

在日常生活中，情绪很难控制，很可能由一件小事引起，也可能在不知不觉中销声匿迹。要想控制情绪，需要做到以下七点。

（一）认清有压力的先兆

有压力必然产生某些先兆，但并非像我们希望的那样一目了然，因此个人要提高对消极压力的警惕性。例如，情绪波动、睡眠不稳、体重迅速下降等都是有压力的先兆。

（二）积极锻炼身体和保持良好的膳食习惯

不能低估锻炼对调节情绪的作用，因为锻炼可以使体内释放内啡肽（endorphin），它与人的信心和自尊有着直接关系，影响着人们的正常生活。在信心与自尊的协调下，人将得到更强的激励。营养同样不应被忽略，如果人们每天吃高质量的食品和新鲜的蔬菜，将大大缓解所承受的压力感。

（三）寻找产生压力的根源

首先，看看自己与家人、同学、老师、朋友等的关系是否融洽，不正常的人际关系往往容易造成消极的压力反应。其次，检查一下自己是否常对自身提出无理要求，如要求自己各方面都优秀，希望自己永不犯错误或不允许自己失败。人应学会在不失去自我价值的情况下去承受，即使失败也能通过回顾过去的成绩来增强成就感，把失败看作人生的一

小讨论

中国自古就有"喜伤心、怒伤肝、思伤脾、忧伤肺、恐伤肾"之说。过度的消极情绪（如长期不愉快、恐惧、失望等）会抑制胃肠运动，从而影响消化机能。情绪消极、低落或过于紧张的人往往容易患各种疾病。人的情绪是波动的，个人应该主动摆脱消极情绪。当有了消极的情绪并可能会产生不利影响时，你调节情绪的方法是什么？你所了解的方法有哪些？

个组成部分，同时学会审时度势地去实现目标或减少失败。最后，分析一下自己是否是容易嫉妒、常追忆不愉快事情的人。嫉妒可以无谓地耗尽有限精力，自己要想重新振作，就应从充满敌意、对抗和报复的情绪中解脱出来。

（四）面临压力时学会放松

中职学生应果断采取行动，努力排除造成压力的原因。当感到压力时，应使自己坐下来休息 10 ~ 15 分钟，集中精力于呼吸，记录每次的呼和吸，这样可以放松全身，减少压力感。还有一个放松的方法就是幽默，幽默能够减轻精神的压力和心理的压力。

（五）拖延转移极端情绪

当情绪高涨、难以控制时，可以用拖延法进行缓解，让自己冷静下来；还可以用转移法，暂时转移一下注意力。例如，在要发怒时数数字，1、2、3、4、5、6、7……慢慢数，一直数到不发怒。有人说，数数字数到 60 的时候，一般有怒气也发不起来了，不妨试一试。

（六）进行适度的宣泄

因压力太大而难以控制之时，可以适当地宣泄。用语言或行为来发泄心中的不良情绪，从而保持心态平衡也是一种情绪调适方法。例如，到无人的地方大喊并且做夸张的动作，情绪就发泄了，人也就放松了。

（七）对极端情绪进行升华

对极端情绪进行升华是控制与调适某些不良情绪的理想方法。周文王被囚后坚持著写《周易》，司马迁受宫刑后坚持完成《史记》，这些都是情绪升华的例子。若学生能把不幸和痛苦升华为人生的动力，必能成就一番事业。

>>> 情境感悟 <<<

小明和老师在讨论李白所写的与长江三峡有关的诗。小明说："我知道一首。公元 759 年，李白写过一首《上三峡》：'巫山夹青天，巴水流若兹。巴水忽可尽，青天无到时。三朝上黄牛，三暮行太迟。三朝又三暮，不觉鬓成丝。'"老师说："我还知道一首《早发白帝城》：'朝辞白帝彩云间，千里江陵一日还。两岸猿声啼不住，轻舟已过万重山。'"

尽管这两首诗都写三峡，但所表达的情感却大相径庭。你知道这两首诗分别表达了作者什么样的情感吗？各自表现了作者什么样的情绪体验？这两首诗反映出的感情色彩有什么不同？为什么？

_____

_____

_____

_____

活动平台

活动一 情绪词语大比拼

不同的情绪有不同的表现形式，即使同一种情绪，它的具体表现也多种多样。喜、怒、哀、惧是人类最基本的 4 种情绪，此外还有害羞、焦虑、厌恶、内疚等复杂情绪。将全班分为 8 组，分别代表喜、怒、哀、惧、害羞、焦虑、厌恶、内疚 8 种情绪，在限定的 15 分钟内，看哪一组写出的相关情绪词语最多。

活动二 一周情绪体验

一个人的情绪是丰富多彩、纷繁复杂的，又是多变的。生活中有太多因素在影响着我们的情绪。将自己一周的情绪表现进行记录（表 2-1）。根据一周内自己所体验到的情绪及其变化，分析一下自己的哪些情绪在一周内是相对稳定的。

表 2-1 一周情绪记录

日 期	情绪表现
星期一	
星期二	
星期三	
星期四	
星期五	
星期六	
星期日	

活动三　你演我猜

教师事先准备好若干与情绪有关的词语或成语卡片，如"眉飞色舞""心急如焚"等。学生两人一组，一人负责把词语或成语的意思通过身体动作、面部表情、言语声调等表演出来，另一个人负责猜词语或成语，然后互换角色。比一比谁的正确率高。

活动四　自信心测验

下面是一份关于自信心的心理问卷，由25个题目组成，每个题目都用一个陈述句表示，都涉及对自我的感觉和态度。请针对每个题目回答"像我"或"不像我"。

（1）我一般不会遇到麻烦事。

（2）我觉得在众人面前讲话是很困难的。

（3）如果可能，我将会改变自己的许多事情。

（4）我可以轻而易举地做出决定。

（5）我有许多开心的事做。

（6）我在家里常常感到心烦。

（7）我适应新事物较慢。

（8）我与同龄人相处得很好。

（9）我家里的人很关心我的感情。

（10）我常常会做出让步。

（11）我的家庭对我的期望太多。

（12）我是个很麻烦的人。

（13）我的生活一团糟。

（14）别人通常听我的话。

（15）我对自己的评价不高。

（16）我有许多次想离家出走。

（17）我常常觉得我的工作很烦。

（18）我不像大部分人长得那么漂亮。

（19）如果我有什么话要说，通常会说出来。

（20）我的家里人理解我。

（21）我不像大部分人那样讨人喜欢。

（22）我常常觉得家里人好像在督促自己。

（23）我常常对自己所做的事情感到失望。

（24）我常常希望自己是另外一个人。

（25）我是不能被依靠的。

评分标准

（1）、（4）、（5）、（8）、（9）、（14）、（19）、（20）题的参考答案为"像我"，其他题目的参考答案为"不像我"。

结果解释

如果你的选择与参考答案一致，则得 1 分；若不一致，则不计分。将所得总分乘以 4，就是你的"自信分"。

第三章

立足专业　谋划发展

学习导航

（1）理解专业与职业的关系。

（2）了解职业对从业者的素质要求。

（3）了解工匠精神的内涵。

（4）了解职业素养的提升。

（5）树立正确的择业观，实事求是地择业。

（6）能够根据客观条件和主观条件制定职业生涯规划。

课程导入

王军的"十八般武艺"

王军是山东某股份公司的首席维修师，大学毕业进入公司后，他从基层岗位做起，凭借精益求精、刻苦钻研的精神，让自己拥有了"十八般武艺"，一步步成长为首席技师。他说："对待任何设备和项目都要严谨细致，否则可能产生不可估量的损失。"

初到车间，王军对所有的设备都是陌生的，想上手但又不知从哪儿下手，他决心跟老师傅学习。有一天，师傅让王军对磨床数显尺进行调整，他兴奋又紧张，干了半个小时也没得到想要的结果。师傅没有责怪他，只是温和地说："要想熟悉这些'铁疙瘩'，就要多练习，摸出手感，你将来肯定比我强。"听了师傅的话，王军决心不让师傅失望。从那以后，车间里多了一个勤学苦练的身影。

功夫不负有心人，王军迅速成长为车间骨干。入厂第6年，他参与了公司"九五"技改工程的德国造生产线建设，负责砂处理工部和造型工部的电气专业设备安装调试。那段时间，王军晚上查阅专业书籍，白天进行反复试验，仅记录各项技术参数的笔记就写满了6本。最终，他创造性地提出程序跳跃控制法，排除了自动造型机故障，使生产线顺利投产。

入厂至今，王军一直坚守在一线。在虎鲨线回火冷却物流的自动化改造过程中，面临审核时间紧迫、控制系统中三菱以太网通信和西门子现场总线通信如何共存的难题，王军挺身而出，连续一周每天工作近20小时，终于在审核组到达前完成了改造。由于长时间高强度、高压力的工作，王军支撑不住病倒了，从那以后，他"拼命三郎"的称号就在企业里传开了。

工匠代表的不仅是一门技艺，更是一种品格、一种精神。在王军看来，"没有一流的心性，就没有一流的技术"。工匠精神的内涵就是对职业的热爱，对技术的精益求精。

（资料来源：http://acftu.people.com.cn/n1/2020/0622/c67576-31755383.html，有改动。）

第一节　专业与职业的关系

不同的职业需要不同的知识、技能、道德、体质等条件，不同的知识和技能是专业学习的主要内容。从经济和效率的角度来看，所选择的专业应该学习职业目标所需要的知识和技能。但是，从专业与职业的相关性来讲，它们并不都是一一对应的关系，而是呈现出一对一、一对多、多对多等非常复杂的相关关系。

一、专业及其对应的职业群

汉语中的"专业"大致有两个方面的含义。一是指学业分类，《现代汉语词典》（第7版）等对"专业"的解释是"高等学校的一个系里或中等专业学校里，根据科学分工或生产部门的分工把学业分成的门类"。二是指专门性职业，如学者周川在《专业散论》中认为，广义的专业是指某种职业不同于其他职业的一些特定的劳动特点，狭义的专业是指某些特定的社会职业；学者王沛民在《研究和开发"专业学位"刍议》中认为，专业是在社会的各行各业中相对于"普通职业"的专门职业。

专业教育培养的人才具有明确的职业导向性，这使得专业与职业存在许多共同之处，但是由于概念、属性、特征等因素，专业与职业之间也有本质区别。

小讨论

专业为职业服务，职业对专业起导向作用。专业是学校根据社会分工需要而设置的；职业是社会上存在的，是社会经济发展的产物。你目前所学的专业是什么？这个专业将来可以从事的工作有哪些？

（1）一个专业对应一个职业群，有时甚至可以对应几个相关的职业群。例如，物流专业所对应的职业群主要是专业化物流公司、国内商贸流通公司、电子商务物流公司、企业物流配送中心等部门的物流系统优化组织设计及物流经营管理工作，或者工商贸易管理部门、交通运输部门的物流管理工作；计算机专业对应的职业群为硬件、网络、软件开发等；建筑专业对应的职业群为建筑师（建筑设计、地板规划和详细结构）、土木工程师（设计和管理建筑物、道路等的建设）、制图员（根据工程师和建筑师的设计说明准备草图）、机械工程师（计划和设计工具、机器与发动机）、测量员（为建筑场所和地图绘制收集与测量数据）。

（2）职业群一般由基本操作技能相通，工作内容、社会作用及从业者所应具备的素质接近的若干个职位构成。职业群的划分有横向和纵向两种。职业群横向划分的特点是相同的职业存在于不同的产业或行业之中，如计算机专业所对应的职业群广泛分布于国民经济各个产业和行业之中。职业群纵向划分的特点是同一职业存在于同一行业若干个不同的岗位及其可能晋升的职务中。例如，人力资源专业的职业发展路线为：人力资源助理—人力资源专员—人力资源主管—人力资源经理—人力资源总监。

（3）一个人无论是基于主动还是盲从、被动而选择了某一专业，都无法保证这个专业一定是自己将来要从事的职业或事业，此时就会出现专业与职业不匹配的现象。出现这种现象的原因主要有：不考虑自身的兴趣爱好及自身特质，盲目依据亲朋好友的意见或建议选择专业；盲目依据劳动力市场供需状况、社会地位、经济收入等外在条件选择专业。

知识卡片

中等职业学校专业目录增补的背景和意义

《中等职业学校专业目录》是学校设置调整中职专业、实施人才培养、组织招生、指导就业的基本规范，是教育行政部门规划中职专业布局、安排招生计划、进行教育统计和人才预测等工作的主要依据，也是学生选择就读中职专业、用人单位选用中职毕业生的重要参考。

近年来，经济社会发展和职业教育改革都对中职专业设置提出了新的要求：一是要主动服务经济提质增效、产业转型升级、制造强国建设、"一带一路"倡议、"互联网+"行动等，增设有关新专业。二是战略性新兴产业兴起，行业交叉融合发展，《中华人民共和国职业分类大典（2015版）》对职业构成、内涵进行了全面修订，亟须增补新的中职专业，适应新技术、新产品、新业态、新商业模式催生的新职业（群）需要。三是高职专业目录已完成修订，建立了动态增补机制，职业教育本科层次试点工作已启动，中职专业目录需要加强与之衔接和对应。做好中等职业学校专业目录增补工作是落实《国家职业教育改革实施方案》、完善职业教育国家教学标准体系、实现专业设置与产业需求对接的重要举措，对加快培养服务经济社会发展的高素质劳动者和技术技能人才具有重要意义。

二、职业对从业者的素质要求

要想取得职业生涯的成功，还必须具备良好的职业素质。一个人的职业素质水平关系着他的职业发展。素质是指个体完成一定活动与任务所需具备的基本条件和基本特点，是行为的基础与根本因素，它对一个人的身心发展、工作潜力和工作成就的提高起着根本性的作用。需要注意的是，素质只是事业成功、发展顺利的静态条件，还需动态条件做保证，这就是素质功能发挥的过程及其制约因素的影响。另外，素质是以人的生理和心理实际为基础，以其自然属性为基本前提的。也就是说，个体生理、心理成熟水平的不同决定着个体素质的差异，对人的素质的理解要以人的身心组织结构及其质量水平为前提。

（一）职业素质的含义

职业素质是指劳动者在一定生理条件和心理条件的基础上，通过教育、劳动实践和自我修养等途径形成与发展起来的并在职业活动中发挥重要作用的内在基本品质，是对社会职业了解情况与适应能力的一种综合体现。它包括职业基础素质和职业技能两部分。

影响和制约个体职业素质的因素有很多，主要包括受教育程度、实践经验、社会环境、工作经历及自身的一些基本情况（如身体状况等）。一般来说，劳动者能否顺利就业并取得成就，在很大程度上取决于他本人的职业素质。职业素质越高的人，获得成功的机会就越多。但职业素质并非是与生俱来、一蹴而就的，而是不断地接受系统的学习和训练并长期积累而成的。

行业和职业不同，对个体的职业素质要求也不同。因此，中职学生应根据自己的专业和职业目标，有针对性地培养自己的职业素质，以达到提高就业能力的目的，为未来取得职业成功奠定基础。

（二）职业素质的特征

一般来说，职业素质具有下列主要特征。

1. 职业性

不同的职业需要不同的职业素质，不同的职业对职业素质的要求具有较大的差异性。例如，国家公务员要求必须具有较高的政治素质、良好的道德修养、较强的业务能力和健康的身心条件等；工程技术人员要求具有坚实的专业基础、较强的动手能力、不辞劳苦的创业精神等;管理工作人员要求具有高度的事业心和责任心、较强的综合分析能力、强烈的市场和用户观念、良好的决策或辅助决策能力等。以上这些就是职业素质的职业性或职业差异性。

2. 稳定性

素质是高度统一的个体行为与特定系统中的稳定的结构因素,这种稳定的结构因素并不是存在于一时一事之中,而是体现于个体活动的全部时空中。通俗地讲,素质养成是个长期的过程,会受到遗传、环境等多种因素的影响,但素质在相对时间内具有稳定性,在特定时间内个体对特定事物也会表现出持续而稳定的行为特征。需要说明的是,素质也处于动态变化过程中,并不是一成不变的,因此素质的稳定性是相对的。

3. 内在性

职业素质虽然是个体身上的一种客观存在,却是看不见、摸不着的,具有隐蔽性和抽象性,只能通过行为方式、工作绩效和行为结果等表现出来。

4. 整体性

同一个体的素质、同一素质的各种成分作为一个高度统一的整体存在于个体身上,相互联系、相互影响,难以分割。例如,说某位老师职业素质好,就不仅是说他知识渊博,还包括他的思想政治素质和职业道德素质好。职业素质的整体性还表现在其中一项素质较差会影响整体的工作绩效和社会评价。例如,一名从业人员科学文化素质和专业技能素质都不错,但思想道德素质比较差,那么就不能说这个人整体素质好。

5. 可塑性

职业素质并非天生不变的,而是可以通过教育、社会实践等途径逐步提高和完善的。职业素质的可塑性表现在:缺乏的素质可以通过实践和学习得到不同程度的补偿,一般的素质可以训练成个人的特长素质,已有素质也可能因为长期不使用而萎缩退化。

小故事

小胜凭智,大胜靠德

一个年轻人到一家大公司应聘。他的学历不高,当天的笔试题目难度也很大,但他还是认真答题。考试进行到一半的时候,主考官手机响起来,他离开考场去接电话。屋内没有了主考官,应聘者开始不安分起来,纷纷交头接耳。不过,这个年轻人却没有任何动作,仍在安静地答题。这时,坐在他旁边的一个应聘者对他说:"哥们儿,别这么认真,赶紧抄吧!"年轻人冲他一笑,没有回答,仍自顾自地埋头答题。

考试结束,年轻人已经不抱任何希望,因为题目实在太难了,他考得一塌糊涂。可是,第二天,他却接到了录用通知书,他既高兴又惊奇地来到公司。进到办公室,他觉得上司有点面熟,好像似曾相识,却想不起来在哪见过。这时上司笑着对他说:"你不认识我了吗?我就是那天坐在你旁边,提醒你可以抄一下的应聘者呀!"

（三）职业资格与职业生涯发展

职业资格是对从事某一职业所必备的学识、技术和能力的基本要求。从业人员的职业资格分为从业资格和执业资格两种。从业资格是指从事某一专业的知识、技术和能力的起点标准；执业资格是指政府对某些责任较大、社会通用性强、关系公共利益的职业（专业）实行准入控制，是专业技术人员依法独立开业和从事某一特定职业（专业）的知识、技术和能力的必备标准。

《中华人民共和国劳动法》第八章第六十九条指出："国家确定职业分类，对规定的职业制定职业技能标准，实行职业资格证书制度，由经备案的考核鉴定机构负责对劳动者实施职业技能考核鉴定。"

中等职业学校的多数专业对应以技能为主的职业资格证书。此类职业资格标准一般分为五个等级，即初级、中级、高级、技师、高级技师，但不是所有职业资格标准都分五级，如企业培训师不设初级、中级，理财规划师只有技师、高级技师两个等级。以技能为主的职业资格鉴定是一项基于职业技能水平的考核活动，分为知识要求考试和操作技能考核两部分。知识要求考试一般采用笔试，操作技能考核一般采用现场操作加工典型工件、生产作业项目、模拟操作等方式进行。

职业生涯规划是一个连续的，不断调整、修正和完善的过程。在规划职业生涯时，要遵循主、客观规律，体现职业生涯本身的特点。职业生涯规划应从自己的兴趣、爱好出发。兴趣是一个人最好的老师，事业成功的动力往往来自兴趣。据调查，如果一个人对自己的职业感兴趣，则能发挥全部才能的80%～90%，并且长时间保持高效率而不感到疲劳；如果一个人对所从事的工作没有兴趣，那么只能发挥其全部才能的20%～30%，并且容易疲劳。众多的调查研究结果一再表明，兴趣与成功率有着明显的正相关性。所以，每个人在进行职业生涯设计时应充分考虑自己的兴趣和爱好，选择自己喜欢的职业，使职业本身化为人生的乐趣。

职业生涯规划应时刻关注社会需求和行业发展趋势。每个人都处在一定的社会环境中，离开这个社会，便无法生存与成长。所以，个人在制定职业生涯规划时，不仅要分析社会环境条件的特点、发展情况及其与自己的关系，还要考虑自己在社会环境中的地位，社会对自己的要求，社会环境对自己的有利条件与不利条件，等等。只有充分地考虑到这些，才能在复杂的社会环境中趋利避害，使职业规划更具现实意义。俗话说，"知己知彼，百战不殆"。所谓"知彼"，就是对经济社会发展现状及其变化趋势的把握，对行业特点和变化趋势的洞察，以及对自身所处就业环境及其变化趋势的了解。从宏观方面讲，它是指国家经济社会发展的大背景或个人所在地区经济社会发展的小背景；从微观方面讲，它包括自己所学专业对应的职业群、从业者的要求及其变化趋势，这些职业的职业资格标准、职业道德规范，各职业的晋升阶梯、各阶梯对从业者的素质要求，等等。了解、熟悉行业特点及其发展趋势，是进行高质量的职业生涯设计的重要条件。

职业生涯规划应发挥自己的能力特长。任何职业都要求从业者掌握一定的知识和技能，具备一定的条件。学生应按照自己的能力特长进行职业生涯设计，因为任何职业都需要一定的能力，不同职业有不同的能力要求。能力特长对职业起着筛选作用，是学生求职择业及事业成功的重要保证。职业生涯规划要扬长避短，选择最利于发挥自己特长的职业。一般来讲，职业与个人的理想、爱好、个性特点、专业特长越接近，个人的主观能力和能动性就越容易激发出来。因此，在选择职业时，只有充分考虑到自己的专长、综合素质等因素，才能在走上工作岗位后热爱自己的工作，把工作当作一件愉快的事情去做，从而卓有成效地开创未来。

职业生涯规划应符合事实，便于操作。对职业生涯进行规划是为了去实现它，所以进行职业生涯规划必须从现实出发。在制定职业生涯规划时一定要考虑规划的可行性，首先将个人的职业意愿、自身素质与能力结合起来考虑，评估自己能否胜任某项职业，认真评价个人职业意愿的可能性，即进行准确的自我评价和定位；其次对职业岗位空缺与需求做出客观分析，从实际出发去考虑个人、社会和组织环境的特点与需求，让计划成为行动的指南。为进一步增强计划的可操作性，在执行的过程中还应不断修正和完善计划。

走近生活

新就业形态是指在新技术、新经济和新业态发展的推动下，借助信息技术手段，通过互联网平台提供商品或服务的、在一定程度上表现出去雇主化特征的就业形态。随着信息技术的发展和运用，以及平台经济、共享经济、"网红经济"等新经济形态的兴起，电商、兼职文案、网约车、电子竞技师、快递、外卖等各种新就业形态不断涌现。说到2020年各家电商平台共同的热点，那么非直播莫属了。作为直播中的主角，主播们也成为当仁不让的就业新力量。直播类岗位是数字经济发展的必然趋势，既扩大了就业空间，又创造了许多过去没有的就业机会，赋予了劳动者更大选择空间，日渐成为吸纳就业的蓄水池和互联网创业的风口。

问题：你身边的朋友中有从事直播职业的人吗？向他们了解一下这个行业的现状，并谈一谈你对这个新兴职业的看法。

第二节 职业发展的基础

党的十九大报告提出，要坚定"人才强国战略"，"弘扬劳模精神和工匠精神，营造劳动光荣的社会风尚和精益求精的敬业风气"。树立正确的劳动观，培育精益求精的工匠精神，不断提升职业素养，是职业长久发展的基础。

一、树立正确的劳动观

勤劳勇敢、勤奋上进的劳动精神激励着中国一代又一代人不断进取、奋发图强，不仅创造了灿烂的历史文明，更是创造了民富国强的辉煌成就，使中国人民实现了从站起来到富起来再到强起来的伟大飞跃。党的十八大以来，习近平总书记在多个场合都表达过尊重劳动、关心劳动者的理念，让劳模精神、劳动精神、工匠精神深入人心。

劳动（体力劳动和脑力劳动）是人类最基本、最普遍的活动形态，是人类社会活动的基础，在人类文明进步和社会发展中发挥了十分重要的作用。劳动观是指人们在劳动的过程中形成的对劳动的看法和认识，反映着劳动者对劳动的态度，决定着劳动者在劳动过程中的行为。

（1）劳动是产生财富的源泉，是创造物质世界和人类历史的根本动力，是神圣而光荣的。按劳分配是合乎正义的分配原则，不劳而获、少劳多得可耻不义。只要是劳动，就能为社会增加财富，就是为社会服务。每一份工作，无论重要与否，都是在为国家进步、社会发展做贡献。

（2）劳动的意义不仅在于追求业绩和经济价值，更在于完善人的内心，促进个人的全面发展。劳动教育能够培养个体爱劳动、依靠自我劳动生存与创造的道德品质和人格品质；能够增强体质，磨炼意志，促进身心健康，丰富对人生的理解；能够增进智慧，实现知识向能力的转化。当一个人全身心地、聚精会神地、精益求精地投入工作时，就能在细致的工作中锤炼自己深沉厚重、独立优秀的人格魅力。

（3）劳动没有贵贱之分，无论从事什么劳动，只要干一行、爱一行、钻一行，有志气、有闯劲，普通劳动者也可以在宽广舞台上展示自己的人生价值。在工厂，可以发扬工匠精神，精心打磨每个零部件、生产优质的产品；在田间地头，可以精心耕作，努力赢得丰收；在商场门店，可以笑迎天下客，提供优质的服务。每个立足本职岗位、诚实劳动的劳动者，无论贡献大小，都值得被尊重。

（4）创新创造是引领发展的第一动力，当前中国经济正处于爬坡越坎、实现从"中国制造"向"中国创造"的产业转型升级的关键阶段。劳动教育也应适应产业新业态、劳动新形态的变化，以创新创业能力为重点，推动建设知识型、技术型、创新型劳动大军。

知识卡片

劳动教育的内涵

劳动教育是国民教育体系的重要内容，是学生成长的必要途径，具有树德、增智、强体、育美的综合育人价值。实施劳动教育的重点是在系统的文化知识学习之外，有目的、有计划地组织学生参加日常生活劳动、生产劳动和服务性劳动，让学生动手实践、出力流汗，接受锻炼、磨炼意志，培养学生正确的劳动价值观和良好的劳动品质。通过劳动教育，学生能够理解和形成马克思主义劳动观，牢固树立劳动最光荣、劳动最崇高、劳动最伟大、劳动最美丽的观念；体会劳动创造美好生活，体认劳动不分贵贱，热爱劳动，尊重普通劳动者，培养勤俭、奋斗、创新、奉献的劳动精神；具备满足生存发展需要的基本劳动能力，形成良好的劳动习惯。

二、培育精益求精的工匠精神

2016 年，李克强总理在《政府工作报告》中说到"提升消费品品质"时，强调要"培育精益求精的工匠精神"。这是"工匠精神"概念第一次出现在治国安邦的文件之中，显示出"培育工匠精神"的诉求上升为国家意志和全民共识。党的十九大明确提出"建设知识型、技能型、创新型劳动者大军，弘扬劳模精神和工匠精神，营造劳动光荣的社会风尚和精益求精的敬业风气"。这一部署凝聚了全社会崇尚劳模精神、追求工匠精神的广泛共识。从推动"大众创业，万众创新"到实施"中国制造 2025"，乃至实现民族复兴，无不呼唤着工匠精神。

（一）工匠精神的内涵

《现代汉语词典》（第 7 版）对工匠的解释为"手艺工人"。传统意义上的工匠是指具有专门技艺特长的手工业劳动者。工匠精神是指工匠们在长期职业实践过程中养成的良好职业素养、彰显的特有职业品质。工匠们喜欢不断雕琢自己的产品，不断改善自己的工艺，享受产品在双手中升华的过程。工匠们对细节有很高要求，对精品有着执着的追求，把精品率从 99.00% 提高到 99.99%，其利虽微，却长久造福于世。一般认为，工匠精神包括高超的技艺和精湛的技能，严谨细致、专注负责的工作态度，精雕细琢、精益求精的工作理念，以及求实创新、不断超越的精神。

1. 技艺高超、技能精湛

"夫匠者，手巧也；而医者，齐药也。"（《韩非子·定法》）技术精湛、技艺超群的职业能力是工匠区别于一般作坊工、简单熟练工的显著特征。他们注重细节，追求完美和极致，不惜花费时间精力，孜孜不倦，反复改进产品。他们能够出色地完成别人无法完成的工作，代表了本行业、本专业的极高的技术、技艺水平。

2. 严谨细致、专注负责

严谨细致、专注负责是工匠精神形成的认知基础。具备工匠精神的人向内收敛，他们隔绝外界的纷扰，凭借执着与专注，持之以恒地提高技术技艺，最终从平凡中脱颖而出。他们甘于为一项技艺的传承与发展奉献自己一生的才智和精力。在这种价值观念的支撑下，他们克服了常人难以想象的困难，取得了卓越的成绩。

3. 精雕细琢、精益求精

精雕细琢、精益求精是工匠精神中最值得称道之处。具备工匠精神的人对工艺品质有着执着不懈的追求。他们以严谨的态度、规范的操作完成每一道工艺，可以是一支钢笔，也可以是一架飞机，还可以是一个零件、一道工序、一次组装。

4. 求实创新、不断超越

求实创新、不断超越彰显了工匠精神的时代气息，是工匠精神的灵魂。工匠们凭借着自己丰富的实践经验和不懈的思考进步，带头实现了一项项工艺革新，牵头完成了一系列重大技术攻坚项目。工匠们不懈追求，不断探索新技术、创新新成果。在这种精神的支撑下，他们在脚踏实地、立足现实做好本职工作的同时，积极学习、深入钻研，在实践中不断创造，不断改进，不断追求。他们在各自的工作岗位上求实创新、不断超越，鲜明地体现了当今我国的时代精神。

总之，工匠精神要求少一些浮躁，多一些纯粹；少一些投机取巧，多一些脚踏实地；少一些急功近利，多一些专注持久；少一些粗制滥造，多一些优品、精品；既要有不追求极致不罢休的决心，也要有十年如一日的坚持。

（二）培育工匠精神的意义

工匠精神的核心在于树立对工作的敬畏、对事业的专注、对责任的担当、对质量的执着、对完美的追求，并将这些品质内化于心，外化于行，作为从事职业活动所必需的技能、知识和态度。而为社会培养技能人才的职业教育必然在培育工匠精神中承担重任。

培育学生的工匠精神是时代对职业教育的新诉求。主要表现以下三方面：

（1）培育工匠精神是促进中国制造业转型升级的需要。通过"三步走"实现制造强国的战略目标，不仅需要提高科技研发能力，还需要能够摒弃浮躁，专注耐心地提升品质、改进设计、完善细节的大国工匠。职业教育应全面提升学生职业素养，创新职业教育改革发展。

（2）培育工匠精神是推动中国制造走出去的需要。通过职业教育，培养大批高素质的大国工匠，对提高产品质量、提高企业的核心竞争力、推动中国制造走出去至关重要。

（3）培育工匠精神是职业学校学生就业和提升个人素质的迫切需求。从就业角度讲，职业学校的学生大多是中国产业工人或技术工人的后备力量，注重职业学生工匠精神的培育，有助于职业学生树立对工作、职业、质量的敬畏态度，养成追求精品、追求一流的执着品质，增强应对问题的勇气与决心，提升个人素养，积极应对新时代环境下的挑战，主动开拓，大胆创新。

小故事 〰〰〰〰〰〰〰〰〰〰〰〰〰〰〰〰〰〰〰〰〰〰〰〰

"大国工匠"彭祥华

说起青藏铁路，不少人都会想到其背后艰难的施工条件及团队的不懈坚持。彭祥华就是其中一位从事隧道爆破的"大国工匠"。从青藏铁路到川藏铁路，彭祥华在一线坚守24年，把最好的年华都留在了雪域高原。

彭祥华25岁时进入中铁二局工作，被分配到一个隧道工程组做木工，从此和隧道结下了一辈子的不解之缘。1997年，在山西参加朔黄铁路建设时，彭祥华开始接触隧道爆破技术，并对其产生了浓厚兴趣。他一边从事木工工作，一边深入开挖班学习，熟练掌握了隧道开挖爆破技术，成为一名爆破工。

想要成为一名优秀的爆破工，仅靠精准的眼光和听觉远远不够，彭祥华不但积极向前辈请教，就连一本《实用爆破技术》也被他翻得连封面都快掉了，他随手一翻，就能准确翻到自己想找的位置。

这样的努力终于收获了回报。2007年，彭祥华参加古城水电站建设，通过优化周边炮眼间距，收到了较好的光面爆破效果，节约了施工成本，被公司认定为高级爆破工。

2015年，彭祥华参建川藏铁路拉林段，该路段地质复杂、生态脆弱，对施工要求非常高。有一次爆破后，青藏高原充沛的山体内蓄水大量地涌流出来，致使大面积岩层浸湿软化，再一次进行爆破很可能发生隧道崩塌，但彭祥华凭借精准的爆破再一次成功了。

彭祥华依然奋战在爆破一线，他甚至不曾在任何一个城市置业安家。无论天南海北，只要有需要彭祥华的地方，他从未缺席。他开始带徒弟，传承业务技能，传承职业理念。经过彭祥华的调教，不少徒弟已经能在项目中从事隧道开挖、衬砌、爆破等工作，成为隧道施工队伍的中坚力量。

（资料来源：http://news.cyol.com/content/2018-03/30/content_17062604.htm，有改动。）

三、提升职业素养

职业素养是指一个人在从事职业活动中所需要的道德、心理、行为、能力等方面的素质，它反映着个人在身体、思想、心态、文化、技能、潜能、诚信、荣辱和责任等方面的内在品质。职业素养是职业内在的要求，是一个人在从业过程中表现出来的综合品质。

（一）提升学习能力

学习能力是指根据自己学习和工作要求及个人发展的需要，制定学习目标和计划，并运用各种学习方法完成学习目标和计划，不断提高个人综合素养的一种能力。如今，不同行业在进行整合，新商业模式和新技术不断涌现，消费者行为也在变化之中。拥有不断且快速学习新知识的能力，是在飞速变化的世界中取得成功的关键。

学习能力就是要求个人不仅要学习广博的知识，还要学会学习的方法，树立终身学习的理念，与时俱进。一个人的学习能力往往决定了一个人竞争力的高低，也正因为如此，无论对于个人还是组织来说，未来唯一持久的优势就是有能力比竞争对手学习得更多、更快。未来最具有价值的能力是学习能力，未来的竞争就是学习能力的竞争。学习能力是在职场中制胜的法宝，只有不断学习，不断提升自己的学习能力，才能保持持续性发展。

在知识经济时代，衡量一个人职业素养的重要指标就是学习知识、更新知识的能力。"活到老，学到老"就是告诫我们要持续学习。对中职学生而言，专业技能过硬才是谋生之本。技能人才在加快产业优化升级、提高企业竞争力、推动技术创新和科技成果转化等方面具有重要作用。只要自己拥有过硬的本领，在任何岗位上都能成才。

小故事

数控技术应用专家李斌

1980 年，李斌从技校毕业，职业生涯起点并不高，但好奇、好学是他的内在动力，忠诚、实践是他的人生坐标。30 多年来，每到读书日，他下班后就到十几千米外的学校学习各类知识，先后考取了大专、本科文凭；他坚持学习与实践历练相结合，掌握了运用数控机床编程、调试、工装、维修的四大要素；他以坚毅的精神学习英语，并把它作为掌握现代技术的工具；他努力掌握最新的科学技术知识，为提高企业产品的国际竞争力献计献策。多年的严格要求和自我锤炼、刻苦学习和一线实践使他成为全国同行业知名的数控技术应用专家，实现了由一名操作型工人成为知识型工人，进而成为创新型工人、专家型工人的飞跃。

（二）提升职业道德修养

职业道德是指从事一定职业的人在职业生活中应当遵循的具有职业特征的道德要求和行为准则。它是以责权利的统一为基础的职业行为准则和规范系统，基本内容是爱岗敬业、诚实守信、办事公道、热情服务、奉献社会。每个从业人员，不论从事哪种职业，在职业活动中都要遵守道德，这是从业的最基本素质。每种职业都担负着一定的职业责任和职业义务，其要求也较为具体、细致，并且带有强制性。

1. 提升职业道德修养的作用

职业道德是社会道德体系的主要组成部分，不仅具有社会道德的一般作用，还具有自身的特殊作用。

（1）职业道德能够调节从业人员内部及从业人员与服务对象间的关系。职业道德规范要求各行各业的从业人员团结、互助、爱岗、敬业，齐心协力地为发展本行业、本职业服务，如制造业工人要服务好用户，营销人员要服务好顾客，医生要服务好患者，等等。

（2）职业道德能够维护和提高本行业的信誉、促进本行业的发展。从业人员职业道德水平高是产品质量和服务质量的有效保证。职业道德水平高的从业人员责任心强，能提供优质的产品和服务。

（3）职业道德是整个社会道德的重要内容。职业道德涉及每个从业人员如何对待职业、工作，是一个从业人员的生活态度、价值观念的表现，也是一个职业集体的行为表现，如果每个行业、每个职业集体都具备优良的道德水平，则对整个社会道德水平的提高会有非常重要的作用。任何学生在任何岗位上都要做到诚实守信、爱岗敬业、规范守纪、团队协作、求实创新、办事公道、热情服务、奉献社会。只有具备良好职业道德的学生才能真正成为企业的合格人才。

2. 提升职业道德修养的方法

职业道德修养是从业人员在道德意识和道德行为方面的自我锻炼与自我改造中所形成的职业道德品质，以及达到的职业道德境界。职业道德修养需要学习、锻炼、陶冶和提高，任何从业人员的职业道德素质的提高，一方面要靠他律，即社会的培养和组织的教育，另一方面则取决于自己的主观努力，即自我修养，增强职业道德意识。有了道德意识，还必须有具体的职业道德准则。道德准则是人与人之间道德范围的行为规范，实际上也是社会对人们行为关系的基本要求。提升职业道德修养必须遵守一定的职业道德规范，如爱国守法、明礼诚信、团结友爱、勤俭自强、敬业奉献等。

（三）提升团队协作能力

团队协作能力是指建立在团队的基础之上，通过团队精神、互补互助达到团队最佳工作效率的能力。对于团队的成员来说，不仅要有个人能力，更需要有在不同的位置上各尽所能、与其他成员协调合作的能力。一个好的团队并不是说每个成员各方面的能力都特别强，而是能够很好地借物使力，取团队其他成员的长处来补自己的短处，同时把自己的长处和优点分享给大家，互相学习交流，共同进步。

一个具有团队协作精神的人在进入新的组织机构时能够迅速找到自己的身份定位，迅速学习和适应组织的规范及文化传统，将自己的个人目标同组织目标有效结合起来。讲究团队协作能力，并不意味着牺牲个体、牺牲自我，而是互相关心、互相帮助，树立团队主人翁责任感，为组织机构的全面发展贡献自己的力量。

团队协作的本质是共同奉献，这种共同奉献需要一个切实可行、具有挑战意义且能让成员信服的目标。只有这样，才能激发团队的工作动力和奉献精神，不分彼此，共同奉献。在一个团队中，只有大家不断地分享自己的长处和优点，不断吸取其他成员的长处和优点，遇到问题及时交流，才能让团队的力量发挥得淋漓尽致。协同合作是任何一个团队不可或缺的精髓，是建立在相互信任基础上的无私奉献，团队成员因此而互补互助。

要想提升团队协作能力，就要做到以下几点：

（1）能包容其他成员，与人和谐相处。团队工作需要成员在一起不断地讨论，如果个人固执己见，无法听取他人的意见，或无法和他人达成一致，团队的工作就无法进行下去。团队的效率在于配合的默契，如果达不成这种默契，团队合作就不可能成功。因此，在实际工作中，与他人和谐相处、密切合作必不可少。

（2）能保持谦虚谨慎的态度。每个人都有自己的优点和缺点，你可能在某个方面比其他人强，但应多将注意力放在他人的强项上，保持足够的谦虚。

（3）能与他人保持有效的沟通。一个人身在团队之中，良好的沟通是一种必备的能力，成员间的良好沟通是团队保持有效沟通和旺盛生命力的必要条件。

走近生活

中国队夺得 2019 年女排世界杯的冠军，这支中国体育的王者之师将自己在世界排球"三大赛"上冠军奖杯的数量增加到了10个。近70年的风雨历程，中国女排的每一步前行都凝聚着坚韧不拔、艰苦奋斗的精神；10次世界冠军的背后，是一代代排球人的努力和汗水，也是中华民族历经艰辛重新屹立于世界民族之林的生动见证。

问题：有人说，小溪只能泛起零星的浪花，百川归海才能激发惊涛骇浪，个人与团队的关系就如同小溪与大海。结合中国女排精神，谈一谈你是如何看待个人与团队的关系的。

（四）提升社会适应能力

社会适应能力是指人为了在社会上更好地生存而进行的心理上、生理上及行为上的各种适应性的改变，与社会达到和谐状态的一种执行适应能力。社会适应能力是个人综合素质的反映，是当今社会发展所需要的人才素质的重要组成部分，与个人的思想观念、道德品质、知识技能等密切相关。培养和提高学生的社会适应能力意义重大。那如何提高社会适应能力呢？

1. 正确地认识和评价自我

对中职学生而言，想要适应社会，必须要全面、正确地认识自我，不仅要了解自己的长处、潜能，还要充分了解自己的缺点、不足。明确自己优势所在，可以使自己充满自信，以积极的心态面对生活、面对工作；明确自己的劣势，可以使自己远离骄傲，谦虚进取，不懈追求。要认真思考自己将来要成为什么样的人、做什么样的事，科学规划自己的职业生涯。这些都有助于中职学生较好地适应社会、适应环境。

2. 保持身心健康

中职学生的生活中除了需要获得营养、体育锻炼、休息等生理方面的满足外，还需要家庭、友谊、支持、理解、尊重，需要通过人际关系获得心理上的满足。在学习与实践过程中，中职学生要学会放松，保持积极向上的状态，将事情尽量往好处想，不要一遇到挫折就悲观消沉。要养成良好的生活习惯，在饮食、起居、学习、工作等方面养成定时、定量的规律性并保持始终。

3. 制定合理的规划目标

"只有伟大的目标，才能产生伟大的毅力。"目标是灯塔，是旗帜，一个人如果没有生活的目标，就只能在人生的征途上徘徊，永远达不到理想的彼岸；生活就显得平庸、乏味、无聊，就可能滋生各种有害健康的恶习。合理的规划目标有助于提升中职学生的社会适应能力。中职学生应根据社会发展的需要、企业发展的需要和自身的实际情况制定远期目标、中期目标和短期目标，保证每段时期都有正确的行动方向。

4. 提高抗挫折能力

中职学生应正确估计自己的能力，正确认识挫折。当遇到挫折时，应保持冷静，以乐观的态度去分析原因，从中吸取教训；应着眼于潜能的挖掘与自我实现。当挫折产生的不良情绪无法消除时，应积极寻求他人的帮助。

第三节　职业发展的影响因素

在众多与职业相关的因素中，有一类因素会在根本上影响个人的职业倾向，关系着个人能否投入工作、适应工作、重视工作、取得工作成就，这些因素包括职业兴趣、性格、能力等。

一、兴趣与职业兴趣

（一）兴趣的含义

兴趣是个人力求认识、探究某种活动的心理倾向，以特定的事物、人或活动为对象，常常伴随着积极的情绪体验。遵照职业选择的喜好原则，只有活动对象是自己喜欢的，才能发自内心地倾向它、选定它、热衷于它，并且在困难面前坚定不移、矢志不渝。

（二）兴趣的类型

根据发展程度的不同，兴趣的形成过程可划分为有趣、乐趣和志趣三个阶段。有趣是兴趣形成的第一个阶段，处于这一阶段的兴趣与对事物的新奇感相联系，非常不稳定，新奇感消失了，兴趣也就没了。乐趣是兴趣发展的第二个阶段，兴趣在这个阶段变得更加专一、深入。当兴趣与社会责任感、理想、奋斗目标结合起来时，兴趣就进入了第三个发展阶段——志趣。志趣是个体取得成就的根本动力，是成功的重要保证。

（三）职业兴趣的作用

职业兴趣即对某类职业或工作的积极态度。它是个人成功的推动力。不同的人有不同的职业兴趣，如果能够从事与自己的职业兴趣相符的职业，个体在工作中就能更加积极热情、全神贯注并富有创造力。职业兴趣的作用体现在以下几方面：

（1）职业兴趣可以提高人的工作效率。职业兴趣能够调动人的全部精力，使之以敏锐的观察力、高度集中的注意力、深刻的思维和丰富的想象投入工作中，从而有助于工作效率的提高。

（2）职业兴趣还是事业成功的重要因素。一个人的兴趣、动机、感情、价值观等倾向性因素都会对其职业生涯产生影响，而在这些因素中，兴趣所起的作用最大。

（3）兴趣不仅可以影响人们的职业定位和职业选择，还可以开发人的潜能，激发人们去探索和创造。对职业有兴趣，在工作过程中就有干劲，容易投入，也容易出成绩，即使遇到不如意或挫折，也能迅速调整心态继续坚持下去；相反，如果对所从事的工作缺乏兴趣，就不能专心致志，遇到挫折也容易轻言放弃。

知识卡片

职业兴趣的培养

（1）注重培养间接兴趣。人在最初接触某种职业时，往往对职业本身缺乏强烈的兴趣，这就需要从间接兴趣着手培养职业兴趣。可以通过了解职业在社会活动中的意义、对人类活动的贡献等以引起职业兴趣，也可以通过了解某项职业的发展机会引起职业兴趣，还可以通过实践逐步提高间接兴趣。

（2）深入实践，培养中心兴趣。人只有通过实践活动才能认识社会，了解社会职业。实践活动不能仅限于参观访问等"走马观花"的形式，还要注重参与性，要参与职业活动的全过程，了解该职业活动中的人际关系、人与物之间的关系，以及职业对社会产生的影响等。

（3）提升从业者的能力。对某项职业有浓厚的兴趣是成功的前提，但事业要取得成功也必须具备该职业所要求的能力。因此，在培养职业兴趣时，要客观评价从业者的能力，看其是否适合某种职业，只有在此基础上形成的职业兴趣才是长久的。

（4）拓宽兴趣范围。具有广泛职业兴趣的人不仅对自己的职业领域的东西有浓厚的兴趣，而且对其他方面也有一定的兴趣。这类人眼界比较开阔，解决问题时可以从多方面得到启发，在职业选择、变动上有较大的空间。兴趣范围狭窄、涉足面小的人对新事物的适应性要差些，在职业选择上所受的限制也就多些。

（5）保持职业兴趣的稳定。职业兴趣要持久稳定，不能朝三暮四。只有投入更多的热情和精力，深入钻研相关内容，才会有所发展和成就。行业性的沙龙、校园的社团，为志趣相投的人们共同学习创造了很好的条件，一个人即便开始时对某种活动兴致盎然，也有停摆的时候，而志同道合的朋友可以激励其持之以恒。

（6）保持职业兴趣与现实一致。职业兴趣的培养不能为追求清高而不考虑外界提供的客观现实条件，否则只能是画地为牢，自缚身手。

二、性格

（一）性格的含义

性格是一个人在对现实的稳定的态度和已习惯化的行为方式中表现出来的人格特征。性格是在社会生活实践中逐渐形成的，一经形成便比较稳定，它会在不同的时间和情况下表现出来。性格的稳定不是绝对的、一成不变的，而是可塑的、发展的。遵照职业选择的适合原则，只有从事自己适合的职业，才能感到舒适、自在，才能充分地融入职业环境、享受职业过程。

（二）性格的构成

从性格的组成来分析，性格可分为态度特征、意志特征、情绪特征和理智特征四个组成部分。

（1）态度特征。这是指一个人如何处理社会各方面关系的性格特征，即对社会、集体、工作、劳动、他人及自己的态度的特征，如忠于祖国、热爱集体、认真负责、一丝不苟、谦虚谨慎、乐于助人、善待自己等。

（2）意志特征。这是指一个人对自己的行为自觉地进行调节的特征，如有远大理想、行动有计划、有团队精神、做事果断、有耐心、有毅力等。

（3）情绪特征。这是指一个人的情绪对自己活动的影响及对自己情绪的控制能力。例如，有的人善于控制自己，情绪稳定，积极乐观；有的人感情脆弱，情绪波动较大，心境容易悲观；等等。

（4）理智特征。这是指一个人在认知活动中所表现出来的特征，如独立或依赖、现实感强或爱幻想、深思熟虑或人云亦云、思维精确或思维模糊等。

（三）常见的几种性格类型的人适合的职业

不同性格的人适合不同的职业，不同职业需要不同性格的人来从事。精力旺盛、有毅力、有耐心、有韧劲的人适合从事困难较大的工作；比较安静、平稳、被动的人适合从事有条理和持久性的工作，不适宜做开创性工作；外向性格的人适合从事与外界广泛接触的工作，如主持人、记者、教师、商务人员等；内向性格的人更适合从事有计划性、相对独立的工作；以理智去衡量一切并支配其行动的人，比情绪波动较大、情感因素较为浓重的人更适合从事科学研究工作。

三、能力

（一）能力的含义

能力是顺利、有效地完成某种活动所必须具备的心理条件。能力是和完成某种活动相联系的，其发展会受到遗传、环境和教育因素的影响，因此能力的发展会出现个体差异，如能力类型的异同、能力发展的早晚等。能力是不断发展、永不停滞的，所以时时刻刻都要加强对职业所需能力的培养。

能力和智力不能混淆。智力是从事任何活动所必须具备的最基本的心理条件，即认识、理解事物并运用知识、经验解决实际问题的能力。例如，敏锐的视觉是美术创作所必需的，但不是音乐创作所必需的，所以它是一种能力；而观察力、记忆力、思维力是从事任何活动都必须具备的，所以它们属于智力范畴，其中思维力是智力的核心，代表着智力的发展水平。遵照职业选择的擅长原则，只有进入自己擅长的活动领域，才能发挥特长，在处理问题时才能得心应手、游刃有余。

（二）能力的分类

每个人都具有一种或多种能力组成的能力系统，了解能力的分类可以更客观、系统地评价自己所具备的各种能力，从而能更准确地匹配职业。

1.按照获得方式的不同划分

按照获得方式的不同，能力可分为天赋和技能。天赋即天分，是指个体在成长之前就已经具备的成长特性，是通过基因遗传获得的；技能是后天习得的，是指个体运用已有的知识经验，经过练习而形成的一定的动作方式或智力活动方式。

2.按照结构的不同划分

按照结构的不同，能力可分为一般能力和特殊能力。一般能力是指完成各项活动均需具备的能力，包括注意力、观察力、记忆力、想象力、思维力等；特殊能力是指从事某种专业活动必需的能力，包括音乐能力、运动能力、写作能力、语言表达能力等。顺利完成任何活动都需要一般能力与特殊能力的各要素协调配合，形成合理的结构。

3.按照所涉及领域的不同划分

按照所涉及领域的不同，能力可分为认知能力、操作能力和社交能力。认知能力是指获取知识的能力，即智力；操作能力是指支配肢体完成某种活动的能力，如体育运动、手工操作能力等；社交能力是指进行社会交往的能力，如言语表达的感染力、组织管理能力等。

4.按照创造程度的不同划分

按照创造程度的不同，能力可分为模仿能力、再造能力和创造能力。模仿能力是指仿效他人行为的能力；再造能力是指按照现成的模式或程序掌握知识技能的能力；创造能力是指独立掌握知识技能、发现新规律、创造新方法的能力。

（三）了解自己的能力

能力是职业选择的一个重要条件。人要胜任某一项工作，不仅要具备从事任何职业都需要的一般能力，还要具备所从事职业需要的特殊能力，并习得工作中所要运用的知识和技能。所以，个人在选择职业之前要了解自己的能力倾向。只有根据能力倾向确定了职业领域，习得了职业所需的技能，个人的职业发展才有可能顺利。在根据能力倾向确定了职业领域后，还应根据自己所达到或可能达到的能力水平确定相应的职业层次，只有这样才能使能力与职业的吻合具体化。

知识卡片

普通能力倾向成套测验

最早的普通能力倾向成套测验（GATB）是美国劳工部从1934年开始利用10多年时间研究制定的，适用于许多不同职业群检查各自的不适合者。这套测验在许多国家被广泛使用，因而备受推崇。后来，日本劳动省将GATB进行了日本版的标准化，制定成《一般职业适应性检查》（1969年修订版）。这套测验主要是实现对许多职业领域所必需的几种能力倾向的测评。它由15种测验项目构成，其中11种是纸笔测验，其余4种是操作测验。这套测验可以测评以下9种能力倾向：

（1）智能（G）。智能即一般的学习能力，包括对说明、指导语和诸原理的理解能力，以及推理判断能力、迅速适应新环境的能力。

（2）语言能力（V）。语言能力是指按语言的意义及与它相关的概念，有效地掌握它的能力；对字词、句子、段落、篇章及其相关关系的理解能力；清楚而准确地表达信息的能力，包括口头表达能力和文字理解与表达能力。

（3）数理能力（N）。数理能力是指在正确而快速地进行计算的同时能进行推理、解决应用问题的能力。

（4）书写知觉能力（Q）。书写知觉能力是指对文字、表格、票据等材料的细微部分正确知觉的能力；直观地比较、辨别字词和数字，发现错误和矫正的能力。

（5）空间判断能力（S）。空间判断能力是指对平面图形与立体图形之间的关系的理解能力和解决应用问题的能力。

（6）形态知觉能力（P）。形态知觉能力是指对实物或图像的有关细节的正确知觉能力；根据视觉能够比较、辨别的能力；对图形的形状和阴影的细微差别、长宽的细小差异进行辨别的能力。

（7）动作协调能力（K）。动作协调能力是指迅速、准确和协调地做出精确的动作，并迅速完成作业的能力；迅速而准确地做出反应动作的能力；手、眼协调运动的能力。

（8）手指灵活性（F）。手指灵活性是指快速而准确地活动手指，操作细小物体的能力。

（9）手腕灵活性（M）。手腕灵活性是指随心所欲、灵巧地活动手及手腕的能力，拿取、放置、调换、翻转物体时手的精巧运动和腕的自由运动能力。

其中，V、N、Q能力出色的人，属于认知型；S和P能力出色的人可归入知觉型；K、F、M突出的人，属于运动技能型。现实生活中，许多人可能同时在上述2种能力类型中都相当优秀，或者9种能力水平差不多，没有哪一类特别突出。一般能力倾向测试的意义在于帮助人们发现什么样的职业领域最能发挥自己的潜能，而不是简单地划定"最适合的职业"，要知道，人的很多能力是可以通过后天培养而形成的。

（四）提高能力的途径

工作是提高能力和技能的一个重要途径。我们应将自己的所学应用于实践，将抽象的知识具体应用并产生效益，在实践中检验，在实践中学习，让自己的能力不断提升，技能不断丰富。所以，当面对工作中的挑战时，不要退缩，要以饱满的精神去面对，这是能力得到锻炼和提高的好机会。

第四节　择业取向分析与调整

走向市场和实现就业是中职学生的必然选择，要想适应市场经济环境、满足用人单位的岗位需求，就必须树立正确的择业观。正确的择业观有利于个人根据自身条件、志愿和社会需求实事求是地选择职业，自觉地服从国家和人民的需要，在岗位上充分发挥自己的才智；如果择业观不正确，即使勉强择业也不会有工作热情，不仅做不好工作，还会影响个人成长。

一、培育正确的择业观

择业观是指对职业选择的基本看法和观点，它对人们的求职择业和怎样从事职业有直接影响。适应当前的就业形势，及时转变就业观念，树立正确的择业观，对学生来说，不仅有助于正确择业求职，而且有利于参加工作后在工作岗位上施展才华。择业观作为人生观内容之一，是随着择业主体的成长逐渐形成的。在择业观形成过程中，择业主体的世界观、人生观、价值观及其兴趣爱好、认知结构、专业知识等都有着重要的影响。

在择业时，要克服坐、等、靠及一岗定终身等不良观念，克服个人本位主义思想，正确认识和处理理想与现实、成功与失败、公与私、义与利等择业问题，以积极向上、乐观自信、勇于竞争的良好择业态度迎接人才市场的挑战，成功选择理想职业，实现自我价值。

职业活动是个人谋生的方式和手段。职业对于个人来说，不仅有工具的意义，还具有目的性，即它是个人奉献社会、完善自身的必要条件。如果只是从个人的、工具性的和物质需要的角度看待职业，就必然会忽视职业生活所具有的更丰富、更深刻的人生内涵。因此，树立崇高的职业理想，既能拓展职业的价值领域，又能提升人生观、价值观的境界。树立崇高的职业理想和坚定的职业信念不是空洞而抽象的话语，而是具有很强的现实性或实践性，不应单纯地把职业看成谋求生存的手段，而应将其视为一生追求的事业。

小讨论

1956年，交通大学师生响应党和国家号召，分批从上海迁赴西安。至1957年，全校大部分专业及师生已迁至西安。在此期间，没有中断任何教学，没有迟滞一届招生。交通大学服从党和国家的安排，创造了奇迹。这种西迁精神与红船精神、井冈山精神、延安精神、大庆精神、红旗渠精神等，共同形成了中国共产党的精神谱系，成为中华民族精神脊梁中光芒万丈的一段。西迁精神必将鼓舞更多有开拓和奉献精神的国人不驰于空想，不骛于虚声，沿着前辈们奋斗的足迹，一步一个脚印，用自己的双手和汗水开创伟大的事业与幸福生活。这种西迁精神对中职学生择业有哪些启示？

二、抓住机遇，面对挑战

中职学生结束学生时代后，所面临的就是职业的选择。在就业市场中，中职学生必然会遇到有利因素和不利因素，即通常所说的机遇和挑战。正确地认识机遇和挑战将有助于中职学生成功迈开择业的第一步。

《2019 年职业教育人才就业景气度报告》显示，与中国经济发展对技术技能人才需求不断攀升并存的，是国内职业教育院校数量和人才数量尤其是中等职业教育人才数量的持续减少。教育部公开数据显示，2010 年以来，全国中等职业教育院校数量逐年减少，从 2010 年的 13 941 所持续下降至 2017 年的 10 671 所，降幅达 23.46%；招生人数持续萎缩，从 2010 年的 864.14 万人减少至 2017 年的 582.43 万人，降幅达 32.91%；毕业生人数下降拐点滞后于招生人数，但也从 2014 年开始进入下降通道，2017 年毕业生人数为 496.88 万人，较 2013 年减少 26.33%。

调查显示，中国职业教育人才的市场需求越来越紧俏。从人才供需关系看，2019 年大专和中等职业教育人才的就业市场景气指数（CIER 指数）分别为 3.70 和 2.30，均高于全国平均水平 1.68，即 1 个大专学历的求职者拥有 3.7 个岗位机会，1 个中职学历的求职者拥有 2.3 个岗位机会，表明职业教育人才的就业景气度较高。这在一定程度上说明偏技能实操的中职人才越来越热门，人才缺口呈扩大趋势。从行业看，市场上职业教育人才需求最多的行业是互联网/电子商务。职业教育人才在二线以上城市的竞争已趋白热化，这些城市人才供给过剩，求职竞争激烈，而三线、四线、五线城市均存在人才缺口。因此，中职学生在求职时应综合考虑机会和成本。

当前，中国职业教育人才尤其是高素质技能人才紧缺，国内就业市场上人才供给质量与需求存在严重的错配情况。但随着国家及社会各界对职业教育的日益重视，随着职业教育改革举措的有力推进，这一窘境将得到改善。职业教育人才也应通过提升终身学习能力，积极深造，提升自身的技能，持续为自己的职业发展加码。

小故事

"笨"小孩的"花园人生"

他出生于加拿大的一个普通农家。上幼儿园时，老师教孩子们做手工，其他孩子一学就会，可他在老师指导下，连学两天仍没学会，老师只能无奈地摇头。上小学时，尽管他很努力，然而他的成绩总是在全班倒数一二名，同学们给他取了一个绰号"笨笨"。面对大家的冷嘲热讽，他只能一个人躲在教室的角落里偷偷地流泪。

他的成绩越来越糟糕，性格也变得越来越内向。父母带他去看心理医生，医生对父母说："不要一味地去指责孩子成绩差，这会更加重他的自卑情绪，希望你们多发现他的长处并加以表扬。"后来，医生单独对他说："每个人都有自己的独特之处，总有一天你会发现属于你的才能，你的父母一定会为你感到骄傲。"

听了医生的建议，他和父母商量不再上学了，并找了一份园丁的工作。虽然他不太聪明，但做起事来相当认真，总能保质保量地按时完成。他每天都在花园精心地侍弄这些花草，时间一长，这些花草仿佛与他成了朋友一般。一段时间后，雇主惊奇地发现，经过他的培育，花园里多年不开的花开了，多年不见长的树长高了，人们开始对他竖起拇指，亲切地称他为"神手"。面对大家的赞许，他第一次羞涩地露出了笑脸。

有一天，他下班回家，看到政府楼后面有一块荒地，心里顿时激动不已。第二天，他走进镇政府，向镇长自荐说："镇长先生，你可以把政府楼后面的那块荒地交给我打理吗？我可以把它变成一座花园。"

镇长看了看这位其貌不扬的年轻人，满脸的不信任，说道："镇里哪有闲钱去弄这些花？""镇长先生，我不要镇里的一分钱，我只喜欢干这些活儿。"他激动地说。在他的再三请求下，镇长给他开了许可证。

几个月后，原来杂草丛生的荒地变成了美丽的小花园，各种花朵竞相开放，蝴蝶漫天飞舞。这里的美景吸引了全镇人的目光，大家从此知道了这个名叫约翰尼·马丁（Johnny Martin）的年轻人。

后来，约翰尼·马丁成为加拿大一家著名园艺公司的总裁，他的业务遍及加拿大的各个地方，所到之处，他都会用自己的一双"神手"为当地人留下一片奇丽的美景。虽然他的语言表达能力仍不是很强，也仍然弄不懂几何、代数，但他已经用自己的实际行动让年迈的父母为儿子在园艺事业上取得的成绩感到了骄傲。

（资料来源：https://wenku.baidu.com/view/5ad50db0dcccda38376baf1ffc4ffe473268fd97.html，有改动。）

三、正确认识自己，实事求是地择业

高估自己的能力是许多学生在择业时易犯的毛病。只有正确地进行自我认识和评价，才可能合理地取舍择业条件，从而实现顺利就业。"人贵有自知之明。"中职学生既要明确自己的强项所在，又要知道自己的弱项。"我能干什么"是求职前必须明确的问题。

最好的职业是最适合自己的职业。服从社会需求、岗位需要与充分发挥个人优势、能力并不矛盾。在当前的就业形势下，选择就业岗位必须建立在主观愿望与客观实际相符合的基础上，脱离客观现实的需要和可能，单凭自己的一腔热情、主观意愿，理想就可能变成空想。

中职学生要正确认识自己，认识社会职位的要求，找准自己的就业方向，准确地为自己定位。如果定位准确，符合客观情况，那么求职就容易成功。中职学生不要幻想第一次选择的就业岗位或从事的工作是完完全全符合自己理想的，应当考虑先解决就业问题。在就业机会到来时，不要犹豫不定，要"该出手时就出手"。绝大多数中职学生在毕

小讨论

有人认为，对大多数中职学生来说，中考一考就定了"终身"，进了中等职业学校基本上就是直接就业一条路走到底。也有人认为，中职学生是一个变化和发展中的群体，可塑性很大，定向过早不能体现以学生发展为本的教育理念。你认为哪种观点正确？谈一谈你的看法。

业前是靠家庭、社会供养维持生活的，所以对一个中职毕业生来说，进入职业生涯后应该首先能"自负盈亏""扭亏为盈"，这样才能谈得上今后的发展。

第五节　制定职业生涯规划

中职学生阅历少，社会经验不够，对自我和社会往往缺乏全面的认识，在走上社会之前内心很容易产生各种各样的矛盾和冲突，这些都会制约他们的生涯发展。因此，制定一份中职学生职业生涯规划是职业成功的开始。

一、确立职业生涯目标

确立职业生涯目标，可以充分了解自己每个行为所产生的效果；使自己知道什么是最重要的事情，有助于合理安排时间；能清晰地评估自己每个行为的进展，正面评价每个行为的效率；能使人预先看到结果，稳定心情，从而产生持续的信心、热情与动力。

（一）职业生涯目标的分解

目标分解是指将总体目标在纵向、横向或时序上分解到各层次、各阶段以至具体的环节中，形成一个目标体系的过程。有的人觉得长期目标太遥远、太大，难以实现，慢慢地放弃了追求，放弃了自己的努力。如果将看似非常远大的长期目标进行分解，把一个庞然大物变成一个个轻而易举就能实现的小目标，最终目标的达成便不再是那么遥不可及了。职业目标的分解要求学生把总目标细化为阶段性目标，同时根据阶段性目标来制定阶段性规划内容。

1. 按时间分解

职业生涯目标按时间可分解为人生目标、长期目标、中期目标、短期目标等。

（1）人生目标。人生目标是整个人生的发展目标，时间最长。从宏观到微观，全方位地了解个人所处的社会环境及相关方面，分析和掌握与个人目标相关联的各类信息并对其做出评价，是设定人生目标的必备条件。

（2）长期目标。长期目标一般指5年以上的目标，通常比较粗略、欠具体，有可能随着各种主客观情况的变化而发生变化，具有战略性、挑战性和动态性等特点。

（3）中期目标。中期目标一般是指3～5年的目标，它既是制定和实施短期目标的依据，又是长期目标的重要组成部分。它具有指标量化的特点并有一定的弹性，在整个目标体系中起着承前启后的作用，也是职业生涯能否有效实施和实现的重点。

（4）短期目标。短期目标通常是指时间为1～2年的目标，它是中期目标和长期目标的具体化，是操作性比较强的行动目标。短期目标可能是自己制定的，也可能是上级领导分配安排的，有较为具体的截止日期。短期目标应该是实现中长期目标的必经之路，是中长期目标的组成部分。

SMART 原则

SMART 原则是管理大师德鲁克在《管理实践》中提出的目标管理方法，按照这个原则制定出的目标可以进一步保证可实施、可跟进、可考核，也更容易实现。

（1）目标要明确（specific，S）。明确性是指要用具体的语言，清楚地说明要达成的行为目标。例如，"我想在两个月之内提高自己的打字速度，达到每分钟80个字"。

（2）目标可衡量（measurable，M）。目标不是模糊的，应是明确的，要有一组明确的数据作为衡量是否达成目标的依据。如果制定的目标没有办法衡量，就无法判断这个目标能否实现。

（3）目标可实现（attainable，A）。制定目标时要确保目标是可实现的。目标如果定得过高，虽然具有挑战性，却有可能无法实现；如果过低，则会失去挑战性。制定的目标一定要具有被完成的可能性，同时又要有一定的挑战性，即俗话说的"需要踮起脚来才能够到"。

（4）目标要有现实性（realistic，R）。现实性是指在现实条件下是否可行、可操作，切忌脱离周围环境和达成目标所需要的条件。例如，公司的技术支持人员如果整天考虑的不是怎样才能做好本职工作，提高自己的技术水平，而一心只想怎样才能轻松赚到百万元年薪，抱着这种心态和目的的工作，被公司"炒鱿鱼"只是早晚的问题。

（5）目标要有时限（time-based，T）。有时限是指目标是有时间限制的。有了时间限制，才能让目标更可控，如果没有，你的目标就会每天被其他更紧急的事情排挤，久而久之目标便会被淡忘。例如，"我将在今年5月31日之前完成某事"，5月31日就是一个确定的时间限制。

2. 按性质分解

职业生涯目标按性质可以划分为内职业生涯目标和外职业生涯目标。

（1）内职业生涯目标。内职业生涯是指从事一项职业时提升自身素质与职业技能而获取的个人综合能力、社会地位、价值观念及荣誉的总和。内职业生涯目标主要靠个体努力争取得来，它不随着外职业生涯的获得而自动具备，也不会由于外职业生涯的失去而自动丧失。内职业生涯目标侧重于个体自身因素，主要包括工作能力目标、心理素质目标、观念目标、内心感受目标等因素。

① 工作能力目标。工作能力是对处理职业中各种问题的能力的统称，如能够和上级领导及公司同事无障碍沟通的能力、组织大型活动的规划和组织能力、对自己所负责事务的分析能力等。工作能力目标是指一定阶段内在现有的职务上能将工作做得更好。工作能力的提高可以使个体以更新的观念、更充足的知识进行工作，进而得到更令人满意

的工作结果。

② 心理素质目标。心理素质是指在职业生涯发展过程中遇到障碍时，能够积极应对困难的心理态度、能够经受住困难的心理承受力和能够克服困难的信心。心理素质目标是指经过训练、学习和调整，在职业生涯中能够经受住挫折，正确看待成功，能够做到临危不惧、宠辱不惊。心理素质目标非常重要，最终能够实现职业生涯目标的人和最终没能实现职业生涯目标的人，区别往往并不在于是否在实现职业生涯目标的过程中遇到困难，而是在于心理素质的不同。最终能够实现职业生涯目标的人能认真地寻找不足，并努力学习、掌握弥补这些不足的方法；而最终没能实现职业生涯目标的人或者根本没有找到不能实现职业生涯目标的原因，或者虽然发现了一些困难，却没有找到合适的方法解决这些困难。

③ 观念目标。观念主要是指对人、对事的态度和价值观。观念目标是指个体在工作学习中要求自己逐步形成一种什么样的观念或态度。工作是人生命的投影，一个人的工作态度折射着人生态度，而人生态度决定一个人一生的成就。一个天性乐观、对工作充满热忱的人，无论从事什么样的工作，都会认为自己的工作是一项神圣的职业，不论遇到多少艰难险阻，都会有所成就。

④ 内心感受目标。内心感受是指工作中由于发现和应用新的管理方法、创造新的业绩等而带来的内心收获和成就感。内心感受目标是指在工作中朝有利于事业成功的方向积极努力，并用工作成绩收获新的、正向的心理感受。内心感受目标的正向强化会使个人在工作中的兴趣、成就感和努力程度不断提高。工作成果本身属于外职业生涯目标，但取得工作成果的内心收获和成就感则属于内职业生涯目标。

知识卡片

剥洋葱法

像剥洋葱一样，将大目标分解成若干个小目标，再将每个小目标分解成若干个更小的目标，一直分解下去，直到确认现在该去做什么。首先将一级目标（总体目标）分解，把实现一级目标的手段作为二级目标；再将二级目标分解，把实现二级目标的手段作为三级目标……以此类推，逐级分解，从而形成一个"目标－手段"链。这样，既构建了目标体系，也落实了各级目标实现的标准。

实现目标的过程是由现在到将来，由低级到高级，由小目标到大目标，一步步前进的。而设定目标最高效的方法则是由将来到现在，由大目标到小目标，由高级到低级，层层分解。中职学生在进行职业生涯规划的过程中，要先找到自己的职业目标，构成自己人生的总体目标，然后将这个总体目标分解成几个 5～10 年的长期目标，接着把每个长期目标分解成若干个 2～3 年的中期目标，再把中期目标分解成若干个 6 个月到 1 年的短期目标，之后将每个短期目标分解成月目标、周目标、日目标，最后把日目标分解到现在该做些什么。

（2）外职业生涯目标。外职业生涯是指从事职业活动时的外在因素的组合及其变化过程,是在职业生涯过程中所经历的职业角色(职位)及获取的物质财富的总和,它是依赖于内职业生涯的发展而增长的。外职业生涯目标一般是具体的,主要包括职务目标、成果目标、收入目标、环境目标等因素。

① 职务目标。职务目标是指自己所从事的职业上经过某段时间的努力,使自己在职务上达到更高的标准。其主要包括两方面:一是现有职务的职责、权力进一步扩大,二是职务晋升。因为一个人只有具备了日常工作的能力,才能为其职务的晋升打下基础。在制定职业生涯规划时,内职业生涯目标中的工作能力目标应优于职务晋升目标。

② 成果目标。成果目标是指在自己从事的工作岗位上,某阶段内要达到的具体工作目标、要完成的工作计划。例如,工作产品在数量和质量上的提高,销售量在总金额上的进步,在研究成果上的成绩,获得的荣誉和证书等。工作成果在一定程度上是直接衡量一个人职业成功与否的外在指标,工作成果目标的实现会增加人的成就感,对人的内职业生涯目标的实现有积极的正面作用。

③ 收入目标。收入目标是指在某阶段内,个人在工作岗位中薪酬上的增长和个人经济储蓄上的总收入目标。中职毕业生要敢于制定职业生涯的经济目标,但必须结合自身情况。例如,某中职毕业生根据所在保险行业的特点和个人目前的发展状况为自己制定的经济收入目标为 30 岁之前赚取 20 万元,40 岁之前赚取 100 万元。

④ 环境目标。环境目标是指在某阶段内,工作硬件环境、居住条件等的改善状况。在良好的环境中,人们带着愉快的心情工作,对职业生涯目标的完成也有积极的作用。

知识卡片

职业生涯目标的作用

(1)设定明确的方向,可以使人充分了解自己每一个行为所产生的效果。据调查,杰出人士与平庸之辈最根本的差别在于有无人生目标,那些称得上成功的人士在一生中都有明确的奋斗目标引领自己的每一个行动,直到事业的成功。

(2)参照目标,可以使自己知道什么是最重要的事情,有助于合理安排时间。"如果你不知道要去哪儿,那么通常你哪儿都去不了",因此自己必须清楚"要做什么""怎么做"。

(3)对比目标要求,能清晰地评估自己每一个行为的进展,正面检讨每一个行为的效率。

(4)目标能使人预先看到结果,稳定心情,从而产生持续的信心、热情与动力。

(二)职业生涯目标的客观条件和主观条件

职业生涯目标的确立受客观条件和主观条件的影响。

1. 客观条件

客观条件是指社会的政治、经济体制，人才市场的管理体制，社会文化习俗，职业的社会评价等状况。它决定了社会职业岗位的数量、结构、层次，同时也决定了人们的职业观念、就业的方式和个人职业生涯的历程。

2. 主观条件

主观条件主要包括与个人相关的所有能力因素和非能力因素，如兴趣、性格、能力、特长、价值观等。个人因素的评估是个人职业生涯的基础，也是获得可行的规划方案的前提。个人因素的评估是职业生涯规划要素中的"知己"，只有对自己有一个全面、客观的认识，才能做出最正确的职业选择，选定最适合自己的职业生涯路线。

清楚地知道自己未来想干什么是选择职业的前提条件。俗话说，"兴趣是人最初的动力"。但仅凭兴趣选择是不全面的，感兴趣的事情并不代表有能力去做，职业的能力需求决定了并不是只要有兴趣就能干好。职业选择是个人性格的反映和延伸，择业者的人格特点应与职业类型相适应。价值观支配着生活中的每件事，是决定我们如何做出选择和行动的关键因素。

（三）职业生涯目标的选择

职业生涯目标是在对个人的客观条件和主观条件进行测定、分析、总结、研究的基础上确定的最佳职业奋斗目标。职业生涯目标选择包括确立志向、自我评估、职业生涯机会评估、选择职业、选择职业生涯路线、设定职业生涯目标六个基本步骤。

1. 确立志向

俗话说，"志不立，天下无可成之事"。志向是人生的航标，是事业的基石，是前进路上的指南针，没有志向，事业的成功也就无从谈起。所以，在制定职业生涯规划时，首先要确立志向，这是职业生涯规划的关键。在职业生涯规划中，确立志向实际上就是树立职业理想。一个人选择什么样的职业及为什么选择某种职业，通常都是以其职业理想为出发点的。中职学生树立职业理想的过程便是在心目中进行职业生涯设计的过程，一旦在心目中有了自己认为理想的职业，就会依据职业理想的目标去规划自己的学习和实践，并为从事自己认为理想的职业而进行各种准备。

小故事

爱因斯坦不当总统

爱因斯坦是世界著名的科学家，以色列国会曾邀请他回国当总统，被他婉言谢绝。爱因斯坦认为，自己的性格适合当科学家，不适合当总统。如果一定要让他当总统，他也许会不仅当不好总统，连科学研究也搞不了了，因为谁也做不到既当总统又当科学家，两边都干出成绩来。爱因斯坦是伟人，伟人与常人的不同之处就在于他们比常人看得远、看得深。他们绝不随波逐流，绝不为尘世间的一点名利轻易地改变自己，去做对别人来说也许是梦寐以求却不适合自己的事。设想一下，如果爱因斯坦真的去当了总统，那么结果会怎样？极有可能是以色列多了一位无足轻重的总统，而人类却少了一位伟大的科学家。

2. 自我评估

在职业生涯规划的过程中，自我评估是不可缺少的一个步骤，是职业生涯规划的基础，关系到职业生涯的成败。自我评估就是对自己进行全面的分析，以达到认识自己、了解自己的目的。只有对自己有一个全面、客观的认识，才能做出最正确的职业选择，才能选定最适合自己的职业生涯路线。进行自我评估，主要是分析自己的兴趣、性格、技能、特长、思维方式，认清自己的优势和不足。简单地讲，自我评估至少需要了解以下四方面内容：自己喜欢干什么（职业兴趣），自己能够干什么（职业技能），自己适合干什么（个人特质），自己最看重什么（职业价值观）。

在自我评估中，要充分利用各种科学测评手段，如价值观量表、职业兴趣量表、人格量表等，同时结合在校学习、考试情况，老师、同学、亲朋好友的评价，以及自我判断。需要注意的是，自我分析要客观、冷静，不能以点代面，既要看到自己的优点，又要直面自己的缺点。只有这样，才能避免职业生涯目标选择的盲目性，达到人与职业的高度匹配。

3. 职业生涯机会评估

职业生涯机会评估又称环境评估，主要是对内环境和外环境进行分析，确定这些因素对自身职业生涯发展的影响。职业生涯机会评估包括两部分内容：一是了解环境，如经济形势、法律法规、社会价值观等；二是了解职业，如产业与行业的划分，热门行业、热门职位对人才素质与能力的要求等。只有深入了解环境、行业和职业的需求情况，才能选择可以终生从事的理想职业。

4. 选择职业

能否正解选择职业直接关系到人生事业的成功与失败，关系到人生的幸福与否。据调查，在未正确选择职业的人当中，有80%的人在事业上可以说是不成功的。由此可见，职业选择对人生事业发展是何等重要。在进行职业选择时，要充分考虑自己的性格与职业是否匹配、兴趣与职业是否匹配、特长与职业是否匹配、价值观与职业是否匹配，要充分考虑内、外环境对自己的影响。先分析自我、分析环境、了解职业，再做出适合的选择，这对于中职学生来说极其重要。

5. 选择职业生涯路线

在目标职业选定后，对沿着哪一路线发展也要做出选择。例如，同样选择教育行业，有人从事行政工作，有人担任专业教学教师，这就是两种截然不同的职业生涯路线。职业生涯发展路线不同，对职业发展的要求也不相同，这一点在职业规划中必须引起重视。同样的职业，不同的岗位，对人的素质要求也不同。通常，选择职业生涯路线时须考虑三个问题：我想沿着哪一路线发展？我能沿着哪一路线发展？我应该沿着哪一路线发展？

典型的职业生涯路线是一个 V 字形。V 字形的两侧分别为行政管理路线和专业技术路线。每条路线都可以被划分为许多等级，可以将这些等级作为自己职业生涯的参考目标。当然，在现代社会中，职业的变换和职业路线的调整是非常普遍的现象，没有人会自始至终在一个岗位上。

6. 设定职业生涯目标

设定职业生涯目标并不是一件容易的事，其关键在于"知己又知彼"，一方面要对自己有清楚的认识和了解，另一方面对就业环境和职业岗位的要求也要心中有数。因此，职业生涯目标的质量主要看要达成的职业生涯目标是否与自己相匹配，以及目标是否切实可行。在确立职业生涯目标的过程中要避免以下几大误区：

（1）目标难度与自己能力差别太大。职业生涯目标的设定要有一定的挑战性，只有这样才能给自己以激励和动力，实现目标时才能带来应有的成就感。目标太难，会因为失败而造成挫败感，对自己的积极性产生负强化，使自己丧失继续努力的勇气；目标太容易，则会失去挑战性和激励作用，对自己没有鼓励和促进，自己的成就感和满足感也会差很多。合理的目标是基于自己的能力和周围环境的既有挑战性又有实现可能性的目标。因此，合理目标的设定需要个体具有深刻的洞察力和判断能力，既要充分分析自己又要了解环境中的机会和障碍。

（2）目标混杂，缺乏核心目标。核心目标是指在一段时间内行动围绕的中心。在一段时间内，我们的行动要有一个核心目标，否则纵使有明确、现实、合理的目标也未必能成功。如果有多个目标，可以对每个目标进行评估，确定一两个最重要、最有价值、对事业发展最有推动力的目标作为核心目标。

（3）职业生涯目标缺乏弹性。职业生涯目标的设定常常要强调灵活性，灵活性的目标对于有效的职业生涯管理必不可少。由于工作环境和人的能力状态都不可避免地会随各项事务的变化而变化，当过去适合自己的职业生涯目标随着时间和环境的变化不再适合自己时，就要对这一目标进行灵活的调整和改变，甚至完全放弃。进行职业生涯规划还要把握变与不变的尺度，不能走极端。职业生涯目标的改变应在原有目标的基础上，结合新的形势进行适当调整，只有当职业生涯目标与现实情况存在严重的冲突时才考虑废除原有目标，确立新目标。

> **小讨论**
>
> 生涯人物访谈是通过与一定数量的职场人士（通常是自己感兴趣的职业从业者）会谈而获取关于一个行业、职业和单位"内部"信息的一种职业探索活动。利用本身现有的资源，寻找成功人士，对他们进行生涯访谈，了解他们当初是如何确立自己的职业生涯目标的。

二、职业生涯规划书的内容

职业生涯规划书可分为封面、目录、正文和附表四大部分。封面一般包括题目、姓名等个人信息。目录是根据正文内容的章节所对应的页码来编制的。正文一般分为自我探索、环境探索、职业定位及目标选择、职业生涯方案设计、评估调整与结束语五部分。附表一般包括个人简历、分阶段目标的完成情况，如每学期的学习成绩、所取得的各类证书复印件。其中，正文部分是职业生涯规划书的重点内容。

（一）自我探索

自我探索是指正确地认识自身的素质和条件，一般包括兴趣、能力、性格和价值观认知四部分。在自我探索中，人们首先应从感觉自我的存在出发，收集有关自我的各种信息，通过对自我信息的加工处理形成对自我形象的描述，构成有关自我的图像，对自我是一个什么样的人形成比较全面的认知，并在认识自我的基础上思考自己应该成为什么样的人，或者应该走什么样的路。中职学生可以通过自我观察了解他人对自己的评价，运用相关测试软件等方法探索自己的兴趣爱好、能力状况、个性特点，澄清自己的优势和劣势，发掘自己现实与期望之间的差距。

（二）环境探索

环境探索是指了解某职业在社会大环境中的现实状况、社会需求、社会地位、经济地位、未来发展趋势等，具体包括了解社会宏观环境、国家政策和事件对行业产生的影响；通过对各种职业环境和组织环境的了解，分析自己想要从事的行业或职业的特性与发展前景；分析当前面临的机遇与挑战；了解影响职业生涯的行业因素；发现环境条件的特点、发展变化情况及环境对自己有利与不利的因素等；了解用人单位对人才的要求及招聘的方法、工作的范畴与特质；掌握自己理想职业的特点、准入门槛及薪酬状况；等等。中职学生只有充分了解并分析内、外环境给自己职业生涯带来的机遇和阻碍，才能够找到符合自己的核心价值目标。

（三）职业定位及目标选择

一个未来的成功者必定是一个目标意识很强的人，没有目标的人如同驶入大海的孤舟，不知道自己走向何方。只有树立了目标，从一开始做准备时就有明确的方向和路线，知道自己将要做什么，将要走到哪里，才能清晰地将工作重心集中到一个点上，充分调动自身的积极性、主动性和创造性。

（四）职业生涯方案设计

在确定了职业生涯目标以后，中职学生就需要制定具体的可行性实施方案。落实目标的具体措施主要包括工作、实操、教育等方面。例如，为实现目标，在工作上将采取什么措施以提高工作效率；在业务素质上要学习哪些知识，掌握哪些技能；在开发潜力上需要采取什么措施，这些措施的制定要具体、明确，以便日后检查与评价。有些学生不能很好地实施职业生涯规划，这不是个人能力问题，而是目标设立得不科学、遥不可及，或毫无挑战性，或没有设立监督反馈系统，在遇到问题和障碍时就无法进行下去。因此，中职学生应将学业与职业生涯结合起来，将能力提升与职业发展相互衔接起来。

（五）评估调整与结束语

评估与调整是指在整个职业生涯规划的过程中对所有环节进行检验，对每个步骤的现实状况与目标之间的差距做出评估；对活动过程进行审视，查看是否有不理想、欠周到的地方或因突发状况打乱的原定安排，及时诊断所出现的问题，找出相应对策，对规划进行修正和完善。职业生涯规划需要不断地评估与修正，必要的修正与调整能够使发展目标更有效率地达成，修正的主要内容包括职业的重新选择、职业生涯路线的选择、人生目标的修正、实施措施与计划的变更等。

在职业生涯规划书的结束语部分，可以针对要完成的职业目标谈谈个人的看法，或表一下决心，或提出自己的期望，也可以对日后实现职业规划目标的情况进行展望等。

情境感悟

在一次就业与专业主题班会上，两名学生展开了讨论。

学生甲说："在职场上会选择与自己专业相符合的岗位，毕竟学了这么多年相关的专业知识，这样会比较有优势。"

学生乙说："刚入职场，选择自己喜欢的职业，这样更利于职业发展，而专业知识则要靠自己在职场上灵活运用。"

在选择职业、行业时，你认为进入职场的"第一个关卡"是什么？是应聘与所学专业对口的岗位还是自己喜欢的职业呢？

_____

_____

活动平台

活动一　职业生涯意识调查

1.问卷调查

认真思考下列问题：

（1）你为什么选择这个专业？

_____

（2）你喜欢这个专业吗？

A.喜欢　　　　　B.还可以　　　　C.不喜欢

（3）你觉得你的专业是好专业吗？

A.是　　　　　　B.说不清　　　　C.不是

（4）你了解你所学专业对口的职业吗？

A.非常了解　　　B.一般　　　　　C.不太了解

（5）你将来会从事与专业相关的工作吗？

A.会　　　　　　B.不一定　　　　C.不会

2.数据分析

（1）对班级学生的回答进行数据统计。

（2）分析中职学生的职业生涯意识的现状及特点。

3.分组讨论

（1）在学业规划与升学决策中，专业的选择是否重要？

（2）在中职学校生活中，是否需要树立明确的职业生涯目标？

活动二　找优点，戴高帽

1.熟悉游戏规则

这是一项优点轰炸的游戏，必须说优点，每个人的态度都要真诚，努力地发现他人的长处，不能毫无根据地吹捧。

2.进行游戏

6人一组，围圈而坐。各组同时展开游戏。每个小组先请一个学生坐在中央并戴上纸糊的高帽子，其他学生轮流说出他的优点及令人欣赏之处（如性格、相貌、处事等）。每个学生都要到中央戴一次高帽子。

3.探究与思考

（1）每个学生总结自己被称赞的优点。想一想哪些优点是自己以前已经觉察到的，哪些是自己不了解的。

（2）每个学生总结自己的感受。例如，被人称赞时的感受如何？要怎样发现别人和自己的长处？

（3）被称赞的优点对你个人的职业发展有什么帮助吗？

4.总结与交流

以小组为单位，总结此次活动的心得体会并整理成书面文字。然后，每组选派一名代表进行小组间的交流与分享。

第四章

和谐交往 快乐生活

📋 学习导航

（1）能够尊重长辈，培养感恩的品德和行为习惯，感悟亲情对自我健康成长和职业生涯发展的重要作用。

（2）理解良好师生、师徒关系对个人学习、健康成长的重要作用，能够正确处理师生、师徒关系。

（3）掌握同学、同伴交往的正确方式，理解和谐相处和团队合作的重要性，增强集体意识和团队意识。

（4）了解抵制校园欺凌、暴力和各种不良诱惑的重要性，掌握应对校园暴力、预防艾滋病、拒绝毒品等的相关知识、方法和策略。

🧪 课程导入

世间最美的房子

当她生下女儿，幸福的潮水还没退去时，却被医院告知她的女儿患有脑瘫。刹那间，她世界中的温柔春雨变成了飞雪冰雹。有人劝她别要这个孩子了，这种病治不好，会拖累自己一辈子。她和丈夫商量了一下，决心要把这个孩子养大，不管前路上有多少艰辛。

抚养一个脑瘫的孩子，种种意想不到的困难接踵而至，她却从没有后悔过，没有退缩过。她把一个母亲所能付出的全部的爱都给了女儿，但女儿长到10岁还不能说出一个字，还不能走路。女儿从没有笑过，这是她最大的遗憾，她想尽办法去逗女儿，可这孩子仿佛天生不会笑，就像一颗不能开放的花苞。

后来，她的丈夫退却了，想再要一个孩子，可她却不同意，她怕有了另一个孩子，自己就不能全心全意地照顾这个女儿。终于，丈夫和她离婚了，但她没有丝毫的怨怒，甚至觉得是自己对不住他。她带着女儿艰难地生活着，可不管多么苦、多么累，每天她都要用轮椅推着女儿去看夕阳。她查阅了大量有关的资料，努力地教女儿一些知识，虽然收效甚微，却从不放弃。

那是一个雨后初晴的黄昏，她推着女儿从外面回家。在家门前有一个小坡，下过雨有些滑，她推了几次都没能把轮椅推上去。后来，她用尽力气终于把女儿推上了坡顶，喘着粗气对女儿说："宝贝，咱们又一次胜利了！"就在这一刻，她的女儿忽然就笑了，而且笑出了声。她一下呆住了，在斜阳下，女儿的脸上就像绽放了一朵美丽的花，灿烂无比。她从没想到，女儿笑起来竟是这么美！多年的艰辛在这笑容里都变成了幸福的点滴。

那一瞬间，女儿笑了，妈妈却哭了。

几年以后，当她面对记者时，她仍能清晰地记起女儿第一次笑时的每个细节，记起自己心中的那份幸福与感动。她此时已经开了一所学校，专门招收脑瘫儿童，她把自己的爱给了更多不幸的孩子。她说了一句让所有人动容的话："天下没有不幸的脑瘫孩子，只有不称职的母亲！"

她的女儿在16岁时画了平生的第一幅画，画中有一所房子，这所房子是一个母亲的怀抱，在母亲的怀抱中，有一个笑靥如花的小孩。当这幅画出现在电视中时，人们知道了这对母女的故事，很多人都感动得哭了。许多人打电话对她说，那幅画是他们见过的最好的画，画中的房子是最美的房子。因为有了爱，那房子便成了最温暖的家！

是的，母亲的怀抱永远是世界上最美的房子。

（资料来源：https://www.ppzuowen.com/book/muaigushi/174422.html，有改动。）

第一节　珍惜亲情　学会感恩

亲情是生命中最无私的情感，犹如一缕阳光，驱走内心的严寒；亲情是血浓于水的关爱，犹如一汪清泉，滋润干涸的心田；亲情是夜不能寐的牵挂，犹如一盏夜灯，照亮回家的路线。亲情不因季节变换而更替，不因时间流逝而沉浮，它亘古不变，我们要珍惜亲情，学会感恩。

一、尊重父母长辈

尊重长辈、孝敬父母是中华民族的传统美德。甲骨卜辞中就已经有了"孝"字。《说文解字》对"孝"的解释是"善事父母者。从老省，从子，子承老也"，从中可以看出，"孝"是指子女对老人的奉养。一个尊重长辈、孝敬父母的人，一定拥有一颗善良仁慈的心，这份仁心可以让许许多多的人受益。孝老爱亲是泱泱中华的血液，一定要继承并发扬光大。

尊重父母长辈是每一个人都应当具备的最起码的品德。在中国人的传统观念中，"不孝敬父母的人不能做朋友"，这反映了中国人交友慎重的原则。对自己的父母都不尊重，就不会有尊重别人的习惯，也不会讲求诚信。从一定意义上讲，社会的稳定建立在对父母长辈尊重的基础之上。

孝敬父母是指子女对父母的尊敬、侍奉和赡养，是子女应尽的道德义务、法律义务。可以说，在人的一生中，父母的关心和爱护是最真挚、最无私的，这种恩情是人世间最伟大的力量。父母不仅赋予我们生命，而且含辛茹苦地哺育我们成长，教我们做人，他们为家庭做出了贡献，为我们付出了很多，应当得到爱的回报，理应受到我们的孝敬。如果不履行赡养扶助父母的义务，则不仅要受到舆论（道德）的谴责，还要受到法律的惩罚。

作为一名中职学生，当我们开始用自己的眼光去看待周围的事物时，我们往往不愿原封不动地接受父母的意见和观点，对父母的批评和劝导会产生抵触情绪；再加上生活经历、思维方式、行为习惯等差异，父母与我们在评价问题、解决问题等方面就很容易产生分歧，我们对父母的崇拜、依赖、依恋、顺从减弱。为人子女，我们要理解这种以爱为出发点的心情，对父母态度要温和，即使有些观点自己不能接受也不要顶撞、闹脾气。虽然两代人的成长背景决定了代沟永远不可能缩小到零，但是通过努力可以把它的负面影响降到最低。

每个人都应很好地承担对父母应尽的赡养义务，也应尽力满足父母在精神生活、感情方面的需求，学会积极主动地与父母长辈沟通。首先，尊重父母长辈，需要从生活中的点滴出发。孝敬父母不能停留在口头上，要落实到具体的行为中，要从日常生活中的一件件小事做起，要正确区分孝敬在不同场合的具体要求，并按照这些要求去做。其次，孝敬父母不是愚孝、盲从，而是在平等基础上对父母的尊敬和侍奉，是在当代道德和法律的基础上对父母辛勤劳动和养育之恩的报答。如果父母做出不道德甚至违法的事，我们要勇于批评和制止，不能因亲情而迁就、包庇其违法行为。

小故事

亲尝汤药

汉文帝刘恒为薄太后所生，他以仁孝闻于天下，侍奉母亲从不懈怠。母亲卧病3年，他常常目不交睫，衣不解带；母亲所服的汤药，他亲口尝过后才放心让母亲服用。他在位23年，重德治，兴礼仪，注意发展农业，使西汉社会稳定，人丁兴旺，经济得到恢复和发展。他与汉景帝的统治时期被称为"文景之治"。

二、懂得感恩

《现代汉语词典》（第7版）对感恩做出的解释是：对别人所给的恩惠表示感激。感恩是中华民族的传统美德，"羔羊跪乳，乌鸦反哺""滴水之恩，当涌泉相报""投我以木桃，报之以琼瑶""知恩不报非君子"等名言都是中华优秀传统文化崇尚感恩的典范。感恩意识是社会文明进步和人际关系和睦融洽的重要因素，是一个人具有健全人格和优秀品质的标志，是和谐社会要求公民应该具有的基本素质。

父母对我们有养育之恩，老师对我们有教育之恩，领导对我们有知遇之恩，同事对我们有协助之恩，社会对我们有关爱之恩，军队对我们有保卫之恩，祖国对我们有呵护之恩……一个经常怀着感恩之心的人，心地坦荡，胸怀宽阔，会自觉自愿地给人以帮助，助人为乐；而那些不知道感恩的人，带给社会的只能是冷漠和残酷。因此，在人生成长的关键阶段，中职学生更应注意培养自己的感恩心，从一言一行做起。

乐善好施的人们并不是想得到多少物质上的回报，但他们一定渴望自己的善行能够得到回应，自己的善心能够引起另一颗心灵的共鸣。漠然无应、视他人的帮助为理所应当是对施恩者最大的伤害；而一句简单的"谢谢"、一个短短的问候就能温暖人心，鼓舞人们行善的积极性。因此，不要吝惜几句感恩的话，它们能让感恩的心不断激荡、放大，惠及更多的人。

小故事

送 蜡 烛

有一位单身女子刚搬了家，她发现隔壁住了一户人家：一个寡妇与两个孩子。有一天晚上，忽然停电了，单身女子只好自己点起了蜡烛。没过一会儿，单身女子忽然听到有人敲门，原来是隔壁邻居家的一个小孩。小孩紧张地问："阿姨，请问你家有蜡烛吗？"单身女子心想："他们家穷到没有蜡烛了吗？"于是她随口一说："没有。"正当她准备关门时，小孩微笑着轻声说："阿姨，我知道你家一定没有，我妈妈怕你一个人住，没有蜡烛不方便，所以让我带两根送给你。"说完，小孩把蜡烛放在女子手中就跑回家了，留下女子一个人静静地站在门口……

第二节 建立和谐的师生（徒）关系

教师与学生、师傅与徒弟、教与学是贯穿教育过程中的最基本的关系，建立共同发展的教与学的关系是教育改革的重要方向和基本任务。

一、师生关系

师生关系是指教师和学生在教育教学活动中结成的相互关系，包括彼此所处的地位、作用和相互对待的态度。

（一）师生关系的类型

师生关系主要有专制型、民主型和放任型三种。

1. 专制型

专制型师生关系主要表现为命令、权威、疏远等心态和行为特征。教师在管理学生时采取专制作风，掌握班级的一切活动，控制学生的行为，从不与学生进行沟通探讨，单纯要求学生能够绝对服从其命令和安排。这类教师很少表扬学生，认为表扬会宠坏学生。在这种管理方式下，学生主要表现为不敢承担责任，容易推卸责任、被激怒、不愿意合作。学生对此类教师大多敬而远之。

2. 民主型

民主型师生关系主要表现为开放、平等、互助等心态和行为特征。教师在教学中能够民主对待学生，尊重学生的想法，与学生共同商议学习计划，给学生一定的指导和帮助，倾听学生的心声。学生也能够尊重教师，能够以朋友的身份与教师进行交流。民主型师生关系和谐融洽，在这种管理方式下，学生表现为喜欢学习，喜欢同他人交往，能够和同学互帮互助，能够为自己的目标努力奋斗。

3. 放任型

放任型师生关系主要表现为无序、随意、放纵等主要心态和行为特征。在教学中，教师采取放任态度，学生想干什么就干什么，一切活动由学生自己进行，给学生充分的自由，对学生从不指导。在这种管理方式下，学生表现为道德品质差，学习成绩不理想，没有明确的目标，谁也不知道应该做什么。

（二）师生关系的内容

师生关系是一个有着多种层次、多种意义的复杂体系，主要表现为教学上的授受关系、人格上的平等关系和道德上的相互促进关系，即尊师爱生、民主平等、教学相长、心理相容。其中，人格上的平等关系是核心内容，师生关系在活动中是民主的，在相处的氛围上是和谐的，师生心理相容、心灵互相接纳。教师应使学生的人格得到充分发展。一方面，使学生在与教师相互尊重、合作、信任中全面发展自己，获得成就感与生命价值的体验，获得人际关系的积极实践，逐步完成自由个性和健康人格的确立；另一方面，教师通过教育教学活动，让每个学生都能感受到自主的尊严，感受到心灵成长的愉悦。

小故事

程门立雪

杨时从小就聪明伶俐，四岁入村学，七岁能写诗，八岁能作赋，人称"神童"。他十五岁时攻读经史，熙宁九年（公元1076年）登进士榜。他一生立志著书立说，曾在许多地方讲学，备受欢迎。居家时，杨时在含云寺和龟山书院潜心攻读，写作教学。

有一年，杨时在赴浏阳上任途中，不辞劳苦，绕道洛阳拜师程颐，以求在学问方面进一步深造。一天，杨时与他的学友游酢因对某问题有不同看法，为了求得一个正确答案，他俩一起去程颐家请教。

时值隆冬，天寒地冻，朔风凛凛，瑞雪霏霏，冷飕飕的寒风肆无忌惮地灌进他们的领口，但他们毫不在意，匆匆赶路。

来到程颐家时，适逢先生在炉旁瞑坐（闭目静坐）。二人没有惊扰先生，而是恭恭敬敬侍立在他身边。过了良久，程颐觉察到有人在身旁，睁眼见到侍立在身旁的杨时二人时，门外的积雪已一尺多厚了。

后来，杨时的名气越来越大，东南学者推杨时为"程学正宗"，世称"龟山先生"。此后，"程门立雪"的故事就流传至今，成为尊师重道的千古美谈。

（三）师生冲突的处理

师生之间和睦相处才能顺利完成知识传播的过程，但有时也会有一些不和谐的声音传来出。消除误会、加强沟通是理顺师生关系、融洽课堂气氛必须要做的工作。师生冲突是师生双方在正式或非正式交往过程中形成的心理紧张状态的一种表现形式，既有学生方面的原因，也有教师方面的原因。

从学生方面来说，一是有些学生既缺乏基本的学习能力，又缺乏责任感、同情心和羞耻心，当他们违纪违规受到教师批评时便随意顶撞；二是少数成绩好的学生自视过高，虚荣心过强，当受到他所"不服气"的教师的批评时也会顶撞；三是学生干部在班级工作上因与教师的意见不一致而发生冲突；四是部分学生心理素质不稳定，自控能力差，容易和教师发生冲突。

从教师方面来说，可能引发师生冲突的原因有以下几个：一是部分教师对学生冷漠，缺乏爱心，缺乏情感交流；二是对待学生不公平，厚此薄彼；三是情绪不稳定，易将个人工作、生活中的烦恼、不满迁移或发泄到学生身上；四是教育方法不当，对学生采取居高临下的姿态，动辄训斥学生；五是对学生进行体罚、变相体罚；六是处理问题失当或失误时顾及面子，未能及时矫正引起学生不满而导致冲突。

师生接触最多的地方一般是教室。课堂冲突多表现为由于纪律管理及教师所教内容与学生接受能力之间产生差距而造成的冲突。对于冲突走向，教师起着决定性的作用，是事态演变的主导方。教师的言行"出格"会直接导致师生间一般性冲突的激化。要想把冲突控制在一般性冲突的范围内，尽可能地避免对抗性冲突的发生，教师就要控制住自己的"火气"，规范、调控好自己的言行，使言行符合自己的角色特征。而这就要求教师具备现代的学生观、良好的人格修养和较高的教育技巧。另外，学生也应该控制自己的情绪，顶撞只会令冲突白热化，要先冷静下来分析事情原委。如果是自己不对，应勇于承认；如果确属老师错误，可事后当面提出或找学校领导解决，切记不能让冲突发展下去。

（四）建立和谐师生关系的意义

师生交往是学校生活的重要内容，师生关系不仅影响学生的学习质量，而且影响学生的身心发展。

1. 建立和谐师生关系有利于学生心理健康和促进学生个性的和谐发展

人际关系是对人的心理发展最具影响力的心理环境，大量事实表明，师生关系、同学关系适应良好的学生，其心理会健康发展；相反，师生关系、同学关系适应不良的学生则会产生敌对思想和自卑感，影响心理健康。大量的调查结果也表明，师生关系适应良好是学生心理健康的重要标志之一。

和谐的师生关系能激发学生学习的积极性，促进学生良好道德品质的提升，促进学生健全人格的形成。

小讨论

案例一：某语文课上，教师正在讲课文《赤壁赋》，这是一篇优美的散文，教师范读、正音、串讲、归纳字词与用法，学生用笔在书上机械地写着画着。下课铃声响起，一多半的学生趴在桌子上昏昏欲睡。

案例二：某节课上教师提问，让一名学生回答，该生回答中有错误，教师直接说："错。"该学生颓然坐下，目光呆滞。

案例三：某教师上完一节课后，口干舌燥、身心疲惫，学生学习却收效甚微。学生课后的学习也仅限于做各类练习题，学生的各种综合能力基本未得到提升。

上述这三则案例都反映了教学中师生关系存在的问题，请谈一谈你的看法。

---

2. 建立和谐师生关系是有效进行教育活动的重要保证

师生关系在教育活动与教育效果之间起着一种潜在的"中介"作用。如果师生感情好，对教师给予的表扬学生会认为是鼓励，对教师给予的批评学生会认为是爱护，表扬和批评在融洽的师生感情中就能成为学生前进的动力。如果师生关系紧张，对教师给予的表扬学生可能认为是哄人，对教师给予的批评学生可能认为是惩罚，表扬和批评就成了教育的障碍。同样，在良好的师生关系中，学生会深深地喜爱老师，进而由爱老师转变为爱上他所教的课，进而爱上他所教的学科，正所谓"亲其师而信其道"。

（五）建立和谐师生关系的策略

要建立和谐的师生关系，就要在教学过程中真正贯彻民主和谐、师生平等的教育思想，通过教师和学生双方共同努力，找准学习进步的结合点，实现师生双方的共同发展和进步。

1. 尊师爱生

建立良好的尊师爱生关系是师生的要求，也是师生的责任。尊师，首先要求学生能够尊重老师的劳动，其次要求学生能够尊重老师的人格和尊严。得到学生的尊重是教师最大的满足。教师也有缺点，也会犯错误，学生应该通过正当途径诚恳地提出意见，绝不允许嘲笑、讽刺、挖苦教师。作为一名学生，应该懂得尊师是人类的美德。爱生是教师的职责，是教师对学生进行教育的感情基础。建立良好的师生关系，在师生之间形成亲密、友好的感情双向交流是教育获得成功的保证。

2. 沟通交流

师生之间的人际关系更多的是一种心理关系的体现。师生之间始终存在着思想、情感、兴趣、爱好等心理活动的双向交流。通过这种交流，师生之间可以建立起友好、理解、亲近、依恋的心理关系，形成有利于教育活动的心理环境。因此，要创造沟通条件，加深师生之间的了解，缩短师生之间心理上的距离，从而建立起真诚的师生关系。

（1）以教学过程为主，多与学生沟通。在正常的情况下，学生对老师的了解和情感的产生是从课堂教学开始的。教师的诸多素质（如德和才、人生观和价值观、对学生的态度和观念等）都会在课堂上充分地展示出来。对教师而言，课堂教学是了解学生的开始。教师通过各种信息对他所面对的教育集体进行整体判断，并随着教学活动的逐步深入熟悉每位学生。因此，教学活动对师生关系的建立至关重要。

（2）以课外活动为补充，多方面了解学生。课外活动中的师生关系是课堂教学中的师生关系的补充。在课外活动中，师生双方的关系形态多种多样，因此师生双方的相互了解是立体的、多侧面的，它使师生双方在彼此心目中的形象显得丰满、充实、有血有肉，其关系也变得更加融洽。课外活动是丰富多彩的，课外活动中的师生关系的教育作用也是多层次、多类别的。教师要在课外活动中充实自己在学生心目中的形象，给学生树立崇高的榜样；同时要与学生相互不断了解，以达到师生双方正式关系与非正式关系的和谐、教育关系与心理关系的和谐、集体关系与个体关系的和谐。当教师和学生的关系非常融洽时，教学效率一定会极高。在这样的环境中教学，无疑会对学生学习有极大的助益，教师也能获得更大的成就感，令师生关系更融洽，这是一个良性循环，反之则会步入恶性循环。

▶ 走近生活

何光静是一名普通的小学教师。作为教师，她心怀学生，为给家庭经济困难的学生提供更多帮助，她选择成为公益组织"麦田计划"的一名志愿者，对在校贫困学生开展爱心资助活动。她利用课余时间和节假日，走遍了镇上的每一所学校。她仔细走访摸底，认真筛选资助对象，迄今为止，已资助贫困学生200多名。2020年疫情防控阻击战打响后，她所在的学校紧邻湖北，疫情防控形势严峻，她选择成为一名抗疫志愿者，每天奔波在乡村疫情防控检测点和湖北武汉返乡人员家庭之间。有两名学生的父母在武汉做生意不能返回，她就承担起照顾两名学生的职责。还有许许多多这样的人物，他们在平凡的岗位上书写着最美的人生。

问题： 结合实际谈一谈想要建立和谐的师生关系，教师和学生应做出哪些努力。

二、师徒关系

师徒关系的内涵十分丰富，师徒之间相互交换信息，建立信任后相互支持、相互提携，有效师徒关系的建立依赖于双方相互间的信任、责任和情感投入。

（一）师徒关系的演变

传统师徒制是一种在实际工作过程中以师父的言传身教为主要形式的技能教学形式。徒弟在师父的指导和影响下进行知识与技能的学习，经过一定年限的学习后，徒弟可以出师，成为正式的技工。师徒关系是师父和徒弟之间的一种身份、伦理关系，是最重要的社会关系之一。在中国传统文化中，传统的师徒关系最早是父子相传，之后过渡到师父收养弟子，最后扩展到一般的师徒关系。师父不仅承担教授技艺的责任，还要承担起父亲的责任，除了学习以外，还要对徒弟的生活进行照顾，而徒弟对待师父则要像对待父亲一样尊敬。这种没有血缘却胜似血缘的关系，让师父与徒弟往往有非常深厚的感情。徒弟对师父的尊敬是发自内心的，师徒间不存在明显的对立关系，师徒关系密切。这种关系在知识技能的传授及徒弟人格的培养、完善等方面发挥着积极的作用。

2014年，教育部提出"现代学徒制"，旨在深化产教融合、校企合作，进一步完善校企合作育人机制和创新技术技能人才培养模式。现代学徒制更加注重技能的传承，由校企共同主导人才培养，设立规范化的企业课程标准、考核方案等，体现了校企合作的深度融合。稳定的师徒关系是现代学徒制成功构建的重要基础。在现代产业形态和现代教育发展的影响下，现代学徒制中的师徒关系不断向制度化发展。

知识卡片

企业新型学徒制的主要内容

（1）培养对象和培养模式。企业新型学徒制以与企业签订6个月以上劳动合同的技能岗位新招用人员和新转岗人员为培养对象。企业可结合生产实际自主确定培养对象，按照政府引导、企业为主、院校参与的原则，采取"企校双制、工学一体"的培养模式，即由企业与技工院校、职业培训机构、企业培训中心等教育培训机构（以下简称"培训机构"）采取企校双师带徒、工学交替培养、脱产或半脱产培训等模式共同培养新型学徒。

（2）培养主体职责。学徒培养的主要职责由企业承担。企业应与学徒签订培养协议，明确培养目标、培训内容与期限、考核办法等内容。企业在委托培训机构承担学徒的具体培训任务时，应签订合作协议，明确培训的方式、内容、期限、费用、双方责任等具体内容，保证学徒在企业工作的同时，能够到培训机构参加系统的专业知识学习和技能训练。承担企业学徒培养任务的院校与企业签订合作协议后，应对企业学徒进行非全日制学制教育学籍注册，加强在校学习管理。

（3）培养目标和主要方式。学徒的培养由企业结合岗位需求确定，培养目标以中、高级技术工人为主，培养期限为 1～2 年，培养内容主要包括专业知识、操作技能、安全生产规范、职业素养等。要以企业为主导确定具体培养任务，由企业和培训机构分别承担。企业培养主要是通过企业导师带徒方式，培训机构培养主要是采取工学一体化教学方式。学徒培训期满，经鉴定考核合格，可按规定取得相应职业资格证书或培训合格证书。

（二）现代学徒制中师徒关系的特征

现代学徒制中的师徒关系是一种在双方自愿的基础上，依据一套严格、完善的制度来保证各方利益的平等关系。师徒之间责权分明，为人师者能以身作则、授技与人，为人徒者能端正态度、虚心学习。

1. 现代学徒制中的师徒关系具有双面性

现代学徒制是将传统学徒培训方式与现代学校教育相结合的一种职业教育制度，典型特征就是校企联合双元育人和学生的双重身份。在现代学徒制下，学生既是职业学校的学生，也是企业的学徒，学生这种双重身份决定了师徒关系的双面性。学徒可以获得津贴，有助于降低企业的培训和运营成本，保护企业提供岗位的积极性。

2. 现代学徒制中师徒关系的维系依赖隐性契约精神

在现代学徒制下，企业导师更像传统意义上的师父，对学徒在企业进行技能学习担负指导责任。企业导师代表企业的利益和行为，注重学徒全方位的发展锻炼，关注企业文化的传输。在中国，企业导师与学徒不存在利益冲突，两者之间的关系缺乏法律约束，而是一种自觉的契约关系，伦理责任是维系当前企业导师与学徒关系的纽带。

（三）现代学徒制中师徒关系的优势

现代学徒制在人才培养质量、促进社会经济发展等方面具有明显的优势，能够有效

> **小讨论**
>
> 2019 年，电视剧《都挺好》热播。其中，苏明玉所经历的职场就是"师徒式"职场，充满了现代性、新内涵，同时也继承和发展了中国古老的师徒关系，备受尊重和追捧。结合实际谈一谈职场中应建立怎样的师徒关系。

地解决中国当前职业教育发展面临的一些问题。

1. 缓解就业压力

现代学徒制注重加强学生的工作体验，能使学生在正式工作前得到良好的锻炼，掌握职业技能，提高职业素养，有助于学校与企业合力培养出一大批一线需要的技术技能人才，更好地满足企业对技术技能人才的需要。企业导师带学徒，岗位针对性更强。与此同时，学校教育又能充分提高学生的专业知识，为个人今后的发展奠定坚实的专业理论基础。在企业导师的带领下，学徒能真正了解工作中需要的知识，以及知道如何运用这些知识。现代学徒制将学校教育与企业实习有效结合起来，克服了学校教育脱离生产实际的弊端，既有利于人才的大规模、系统化、针对性的培养，又能结合生产实际，满足现实需要。

现代学徒制下的师徒关系以培养学生（徒）的实践能力为核心，学生（徒）有相当长的时间从事生产实践，能够学习技术技能、积累工作经验，使就业前景更加明朗。这种提前的工作适应期有利于缓解学生的心理压力，让学生科学地规划自己的职业发展，更好地适应劳动力市场不断变化的需求，从而成功解决自己的就业问题。

2. 促进产教融合

随着中国职业教育的加速发展，深化产教融合已经成为职业教育发展的重要方向。促进产教进一步融合，让师徒关系集教学、生产劳动、素质养成、技能历练、科技研发、经营管理等于一体，不仅能促进技术技能人才的培养，还能促使研发成果向现实生产力的转化，推动企业的技术进步和产业升级转型。

在现代学徒制下，学校、企业都需要广泛、深入地参与整个人才培养的诸多环节，可以采用的方式有共同招生、共同制订培养方案、共同实施人才培养等。在这样的合作前提下，培养出的学生（徒）更适合产业实际需要，培养方向也能紧跟市场的变化趋势。

现代学徒制下的师徒关系是将科研成果应用于实践的渠道之一。学生（徒）在企业实践过程中，能运用自己的知识技能发挥创新精神，对产品做出改进。在这种师徒关系下，学生（徒）没有条条框框、思维定式、传统理念等因素的束缚，敢于创新、乐于创新，善于在实践中发现问题、解决问题，产生创新成果。从长远看，这种师徒关系对推动中国制造向中国创造的转变具有积极意义。

3. 节约资源

在现代学徒制体系下，学生（徒）、学校、企业各自权责明确，学生（徒）享有实习工资，既能节省有限的教育资源，也能减轻学生（徒）的经济负担。由于企业为人才培养提供了发展、实践平台，学校的教学成本也得以适当降低。学生（徒）经过学校的知识理论学习后，可以直接参与实际生产经营，适应能力强，能迅速地融入企业中，从而大大降低了企业的培训成本、招聘成本、人力成本等。

师徒携手共进

2017 年年初，山东某审计局针对审计机关干部队伍逐步走向年轻化的实际，谋划推出了"师徒青蓝"工程，旨在通过师徒结对，以老带新，助推年轻干部快速成长。师傅将审计工作中的经验、查账技巧、生活感悟等毫无保留地与徒弟分享，徒弟将工作和生活中遇到的疑难及困惑向师傅请教，形成了工作上的传帮带、生活中的"知心人"新型师徒关系。该局一名副局长是长年工作在审计一线的老行家，工作经验丰富、查账技巧娴熟。在她的带领下，并非财务和审计专业的"90 后"徒弟姜某进步迅速，很快成了一名能够独当一面、承担重任的业务骨干，参加工作不到 5 年，已担任主审十余次，主审的多个项目被评为"市级优秀审计项目"。师徒二人在年度最佳师徒评选中荣获"最佳师徒"称号，徒弟姜某也被提拔到中层干部岗位上。

第三节 人际交往助成长

人际交往是指人与人之间沟通信息、交流思想、表达感情与需要，从而在心理和行为上产生相互影响的动态过程。人际交往是一个多维系统，形形色色的交往发生在人群之中，使人们每时每刻都在进行着丰富多彩的交往。心理学家的研究表明，在正常情况下，一个人每天除了几小时的睡眠外，其余时间的 70% 都花在了人与人之间的直接或间接交往上。由此可见，人际交往活动在社会生活中占据着多么重要的地位。

一、人际交往的作用

古希腊哲学家亚里士多德（Aristotle）说过："不能在社会中生活的个体，或者因为自我满足而无须参与社会生活的个体，不是野兽就是上帝。"《荀子》中写道："力不若牛，走不若马，而牛马为用，何也？曰：人能群，彼不能群也。"美国社会心理学家巴克（Kurt W. Back）指出："人离不开其他人——人要学习他们，伤害他们，支配他们……总之，人需要与其他人在一起。"人们的生活处处都离不开人际交往。

在工作中，人际交往是工作顺利、心情舒畅的保证；在生活中，良好的沟通能力是家庭幸福、婚姻美满的保障；在机会面前，人际交往是创造成功的契机；在困境中，人际交往是带领人们走出困境的助力。马克思说过，人的一个重要属性就是社会性，一个纯粹生物学意义上的、没有人际交往的人，是无法成为真正意义上的人的。

人际交往是中职学生正确认识自我的重要途径，是中职学生生存、安全、身心健康的需要，是中职学生学业、事业发展与人生幸福的基础。研究表明，如果一个人长期缺乏与别人的积极交往，缺乏稳定的良好人际关系，那么这个人往往有明显的性格缺陷。

在心理健康教育实践中，绝大多数中职学生的心理危机与缺乏正常人际交往和良好人际关系有联系。那些生活在没有形成友好、合作、融洽的人际关系的宿舍中的中职学生，常常显示出压抑、敏感、自我防卫、难于合作的特点，情绪的满意程度低。在人际关系融洽的宿舍里生活的中职学生，则以欢乐、注重学习与成就、乐于与人交往和帮助别人为主流。由此可见，人的心态与性格状况会直接受到与别人交往和关系状况的影响。

小故事

洞穴试验

著名的意大利洞穴专家毛利奇·蒙泰尔（Mauricio Montel）做了一个非常著名的实验。他让自己置身于一个很深的洞穴之中，洞穴里有足够他吃上一年的食物和维持生命的生活用品，有100多部电影碟片和一些健身车、健身球供他娱乐。但是，这个洞穴里除了他自己，没有其他人。一年后，蒙泰尔从洞穴里出来了。经过一年与世隔绝的生活，蒙泰尔变得情绪低落、目光呆滞、脸色惨白、语言不畅。他的记忆力、交往能力和语言表达能力都出现了严重的退化。

人际交往对一个人的生存质量有着重要影响。蒙泰尔在洞穴里有充足的生活资料和娱乐设施，但是没有人际交流与交往，这足以让他产生严重的退化。

二、人际交往的障碍

中职学生的人际交往障碍会给他们的学习、生活、情绪、健康等带来一系列不良影响，还会给他人造成困扰。我国已故的著名心理学家丁瓒教授指出："人类的心理适应最重要的就是对于人际关系的适应，所以人类的心理病态主要是由于人际关系的失调而来的。"例如，有些学生学习成绩下降，上课时精力难以集中，这些看似是学习上的问题，其实大多不是学习本身带来的，而是人际关系紧张导致的。

朋友是我们每个人生活当中不可缺少的一部分，而对于中职学生来说，显得尤其重要。中职阶段的学生离开了父母的怀抱，逐步摆脱对父母的依赖，并把朋友放在十分重要的位置。但是，一些学生在人际交往中遇到了种种障碍，无法与同学友好相处。中职学生常见的人际交往障碍主要有以下几种。

（一）自负

自负的人只关心个人的需要，强调自己的感受，在人际交往中表现为目中无人。与同学相聚，不高兴时会不分场合地乱发脾气，高兴时则海阔天空、手舞足蹈讲个痛快，全然不考虑别人的情绪和感受。

（二）嫉妒

嫉妒心强的人看到与自己有某种联系的人取得了比自己优越的地位或成绩，便会产生嫉恨心理，在对方面临或陷入灾难时隔岸观火、幸灾乐祸，甚至借助造谣、中伤、刁难等手段去贬低他人，安慰自己。正如黑格尔所说："有嫉妒心的人自己不能完成伟大的事业，乃尽量去低估他人的伟大，贬抑他人的伟大使之与他人相齐。"

（三）多疑

多疑是人际交往中一种不好的心理品质，可以说是友谊之树的"蛀虫"。具有多疑心理的人，往往先在主观上设定他人对自己不满，然后在生活中寻找证据，把无中生有的事情强加于人，甚至把别人的善意曲解为恶意。

（四）自卑

美国心理学家的研究表明，一个人如果各项活动取得成绩而得到老师、家长及同伴的认可、支持和赞许，便会增强他们的自信心和求知欲，很容易养成一种勤奋好学的良好习惯；反之，就会产生一种受挫感和自卑感。自卑的浅层感受是别人看不起自己，而深层的感受是自己看不起自己，即缺乏自信。

（五）干涉他人

心理学家研究发现，人人都需要一个不受侵犯的生活空间，同样也需要一个自我的心理空间。再亲密的朋友，也有个人的隐私，有一个不愿向他人坦露的内心世界。有的人在相处中喜欢询问、打听、传播他人的私事，这种行为会引起别人反感而不愿与其交往。

（六）羞怯

具有羞怯心理的人往往在交际场合或大庭广众之下羞于启齿或害怕见人。过度的焦虑和不必要的担心使得他们在言语上支支吾吾、行为上手足无措，长此以往，不利于他们同他人的正常交往。

> **小讨论**
>
> 雯雯家庭贫困，从小生活节俭，学习成绩一直名列前茅。来大城市上学后，看见身边的同学能歌善舞、时髦靓丽，而自己什么都不会，再加上总感觉自己在身高和体形方面也不如同学，经常自惭形秽，从而不愿与人交往。这个案例反映了雯雯什么样的心理？产生这种心理的原因是什么？这种心理应该如何克服？

三、人际交往的途径

人际交往主要通过言语沟通来进行，但在言语之外，那些非言语沟通（如身体语言、面部表情、眼神交流等）也对人际交往起着重要的作用。

（一）言语沟通

言语沟通是人际交往的重要途径。人们如何有效地进行言语沟通呢？这就需要做到以下几点。

1. 反馈与解释要及时

有这样一个小游戏：教师先预备一张由一些简单的几何图形构成的图（图 4-1）。首先让一名学生看着图向其他学生进行描述，其他学生边听边在纸上画，不许提问，也不许与描述者有任何交流，只能根据自己的理解去画；然后请另外一名学生描述这幅图，程序和前面一样，唯一不同的是这次其他学生可以向描述者提问，描述者可以对学生的提问予以回答。等所有的学生画完之后公布原图，请大家对比一下前后画的两幅图，看看哪幅图与原图更为相似。

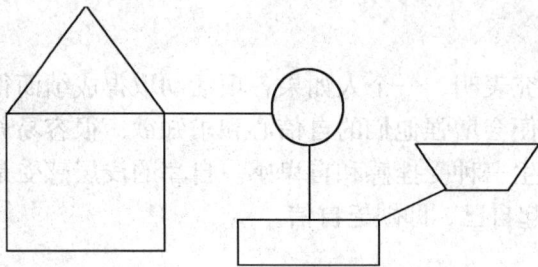

图 4-1　几何图形

大多数情况下，第二次画的图比第一次画的图要好，原因在于第一次仅仅是描述者在说，没有反馈，没有交流，是一种无效的沟通；而第二次是一种含有反馈、交流的有效沟通，错误的认知在询问与解释中得到了及时的纠正。由此可见，及时的反馈与解释对有效沟通具有重要作用。

2. 语气、语调和用词要恰当

一个人要与他人保持有效的言语沟通，就必须注意自己的语气、语调和用词。

（1）语气。同一句话使用不同的语气可以表达不同的情绪，如"你真坏"既可以表达亲密，也可以表达厌恶。因此，人们在与人沟通时一定要根据场合和对象选用适当的语气，否则会造成不必要的误解和伤害。

（2）语调。语调不同表明一个人的情绪不同。同样是一句"恭喜你"，既可以表达祝福，也可以表达嫉妒。所以，人们在交流中一定要根据实际情况采用恰当的语调来表达自己的想法，以免伤害别人。

（3）用词。同一个意思可以用不同的语句和词汇来表达。例如，同样是拒绝做一件事，人们可以直接说"不行，我没时间"，也可以说"我最近手头上的事比较多，这件事能不能往后放一放"。后一种说法比前一种说法要委婉得多，而且不会伤及别人的面子。因此，在日常交往中，人们应该尽量选择那些不会伤害他人的词句来表达自己的意思，否则会引起不必要的麻烦。

3. 交流环境要合适

合适的交流环境主要是指谈话的内容要与谈话的地点、时机及现场氛围相匹配。例如，出席喜宴却大谈特谈某人离婚了，初次见面就直接跟对方谈自己与父母如何难以相处，这些都属于谈话内容与谈话地点、时机及现场氛围不匹配的表现。其实，选择合适的交流环境很简单，只要在说话之前站在听者的立场上想一想"要是我听到这样的话会不会不舒服"，再决定说或者不说就可以了。因为与人交流的目的是向对方传递信息，如果对方不喜欢或者不接受该信息，那么沟通就是无效的。

知识卡片

首因效应

首因效应又称第一印象效应，是指在人际交往过程中，人们往往对首次接触时注意到的信息印象深刻，而对之后的信息则很少注意或者印象不深刻的现象。心理学家阿希（Solomon Asch）通过一个实验证明了首因效应的存在。他分别向两组大学生呈现了描述一个人性格特点的语句。一组大学生看到的语句是"这个人聪明、勤奋、易冲动、爱评论人、顽固、嫉妒心强"，另一组大学生看到的语句是"这个人嫉妒心强、顽固、爱评论人、易冲动、勤奋、聪明"。两组描述性的词汇都一样，只是顺序完全相反。结果发现，先接受了积极信息的一组大学生对被评价者的印象远远优于先接受了消极信息的那一组。心理学家洛钦斯（A. S. Lochins）认为，先出现的信息之所以会对总体印象产生较大的影响，一方面是因为人们在接触陌生人时，一般会比较注意对方的形象、动作等细节，因此最开始得到的印象较为鲜明和强烈；另一方面，人们对于很多后继信息的解释往往受到先前信息的影响。

第一印象是最鲜明、最牢固的。因此，人们在日常交往过程中，尤其是在与他人初次见面时，一定要给他人留下美好的印象。要做到这一点，首先要注重仪表风度，在一般情况下，人们都愿意同衣着干净整齐、落落大方的人接触和交往；其次要注重言谈举止，言辞幽默、谈吐大方、不卑不亢、举止优雅的人一定会给他人留下难以忘怀的印象。

（二）非言语沟通

人们交谈时的坐姿、手势、面部表情等都包含着丰富的信息，一个人只有具备敏锐的观察力才能保持良好的沟通；同样，如果人们能够很好地运用肢体语言、表情语言，就会使交流取得事半功倍的效果。心理学家研究发现，人们在面对面地沟通时，文字、声音和肢体语言对沟通效果的影响不同，肢体语言最高，声音次之，文字最低。

那么，人们如何利用肢体语言来改善自己的交际状况呢？美国社会心理学家艾根（G. Egan）在"SOLER"模式中，概括了人际交往应当注意的五点要求：坐（站）的时候面对别人（sitting face the other, S），姿势自然开放（open posture, O），身体微微前倾（leaning front, L），目光接触（eye contacting, E），身体放松（being relax, R）。如果能做到这五点，就会比较容易给他人留下良好的印象。

人们在交流中不仅要合理有效地使用肢体语言，还要注意解读他人的肢体语言。心理学家章志光、金盛华在《社会心理学》一书中展示了一组图（图4-2），这组图画的是一些简单的身体姿势，可以帮助人们解读肢体语言的含义。

| 好奇 | 疑惑 | 不感兴趣 | 拒绝 | 观察 | 自我满足 | 欢迎 |

| 果断 | 隐秘 | 探究 | 专注 | 暴怒 | 激动 |

| 舒展 | 奇怪、支配、怀疑 | 鬼鬼祟祟 | 羞怯 | 思索 | 做作 |

图4-2　19种姿势代表的含义

四、人际交往的技巧

好的人际关系是中职学生健康成长的重要保证。个人的人际关系状况能反映出中职学生的心理健康水平和社会适应能力。中职学生学会协调自己的人际关系，对促进他们形成成熟、稳定的个性心理具有十分重要的意义。

（一）增加交往频率

人际关系要想密切，彼此有一定的交往是前提。在生活中，我们常可以看到，原来关系密切的两个人，后来由于交往少了，关系就淡漠下来了；相反，原来并不很熟悉的两个人，由于经常在一起活动，关系却密切起来了。因此，在紧张的学习之余，不妨主动找同学讨论某些问题、交换一些意见、互相传递一些信息，或一起下下棋、打打球，还可以开展一些郊游、远足之类的集体活动，以加深对对方的了解和信任。在这种交往中，双方都会感到愉快，随着情感联系的加深，会逐步形成一种整体感，彼此的关系就容易密切了。

（二）真诚关心同学

得到别人的关心和注意是人类普遍的心理需要。当一个人感到周围的同学对他十分关心时，心中便会有一种温暖、安全的感觉，就会充满自信和快乐。他受到别人的关心，同样也就会去关心别人，这样，相互间就容易有一种亲密友好的关系了。

（三）学会宽容待人

宽容别人对于搞好人际关系也是十分重要的。生活中充满了矛盾，同学之间难免有被人误解、嫉妒和背后议论等事情发生。如果别人刺激到你，你就耿耿于怀、睚眦必报，大多会进入"以牙还牙"的恶性循环；相反，如果你相信人的感情是可以诱导的，因而能宽容别人、礼让别人，"投之以桃"的话，别人迟早也会"报之以李"。同时，在人际交往中，切不可因为别人有这样或那样的缺点就横加指责、挑剔，甚至故意疏远、嫌弃。"金无足赤，人无完人。"每个人都会有缺点，都会犯错误。"水至清则无鱼，人至察则无徒。"过分苛求别人，到头来只能使自己变成一个"孤家寡人"。

> ### 小讨论
>
> 森林里，几只刺猬被寒风吹得瑟瑟发抖，当它们想紧紧靠在一起互相取暖时，又不得不弹开，因为刺猬身上都长着尖刺，靠在一起会刺痛对方。但经过几次尝试后，它们终于找到既不会刺痛又能相互取暖的适当距离。从这个小故事中，你得到了哪些启示？

（四）讲究褒贬手段

为了搞好同学间的关系，还必须学会诚心地赞美同学。得到别人的赞扬是人的一种心理需要。赞美别人也并非一件难事，因为每个人多少总有一些值得赞美之处。当然这里所说的赞美是指诚心诚意、实事求是的赞美，只有这样才能于人有益，于己无害。和赞美相对的是批评。"良药苦口利于病，忠言逆耳利于行。"批评虽然往往是人们难以接受和不喜欢聆听的，然而中肯的批评也是最难能可贵的。当然，批评必须注意方式、方法。在批评别人时，应尽量避免伤害他人的自尊，宜用诚恳的态度、平静的口吻和不含讽刺意义的词句，尽量使对方感受到批评之后的善意和友情。

（五）保持人格完整

每个人都有自己独特的态度和行为方式，这也是健康人格的特征之一。与别人相处时，固然要对别人持迁就、随和的态度，但随和不等于放弃原则，迁就也不等于予取予求。即使真要那么做，也不会得到别人的信任和尊敬，自然也不能与人建立良好的人际关系。一个人要想得到别人的尊敬，必须先尊敬自己，即坚持正确的立场，信守正确的原则，即使因此与某人交恶，也可坦然置之，因为我们不可能被每个人喜欢。

（六）调适人际交往的心态

在人际交往中，自始至终存在着矛盾。当一方不能满足另一方的需求时就会产生交往冲突。要想解决交往冲突，就必须加强心理调适。例如，当被朋友误解时，要学会换位思考。千万不可意气用事，你不理我，我也不理你，而是要把话说明，把心灵敞开；当说话过于直爽而伤害到朋友时，事后要主动向对方表示歉意，表明自己的原意，以沟通思想、消除隔阂。中职学生这个年龄段的青年人一般都具有说话直爽、心里有什么就说什么的特点。说话直爽是优点，但若不考虑时间、场合，不考虑对方的接受能力，过于直爽或生硬，有时难免"无意伤人"。

五、增强信任感与责任感

信任能让人的关系更近，感情更深。一个缺乏责任感的人会失去社会的基本认可，失去别人的信任与尊重，在工作中往往一事无成。坚守一份责任，就是坚守着生命的追求与信念，就是享受着工作的乐趣和生活的幸福。

（一）信任是人际交往的重要因素

从词义上来解释，信任是指彼此相信而敢于托付。因其概念的抽象性与复杂性，不同学科领域对信任的定义是不同的，但都达成了一点共识：信任是涉及交易或交换关系的基础。

人与人之间所有的交往都建立在信任的基础之上。只有相互信任，才不用担心对方会伤害或背叛自己，并愿意与之继续交往。否则，即使交往时间很长，也会由于相互猜忌和不信任而使双方的友情很难继续持续下去，彼此关系也将逐渐疏远。彼此信任的基础一旦出现裂痕，通常很难修复，即使双方付出巨大的努力使破损的关系重新修复好，也很难和好如初，都会由于曾经出现过的信任危机而有所防备。

信任的建立不会一蹴而就，它需要经过天长地久的厮守和交锋，并以自己的实际行动来表明自己的作风、态度、人格。信任问题并不单是一个社交技巧问题，还是一个做人的原则问题。要赢得别人的信任就要首先去信任别人，自己在人际交往中应做到真实、坦诚、忠诚、廉正、负责和诚心。在人际交往中，对待朋友要真诚，不要带有任何的虚假、虚伪和欺骗，遇到事情要开诚布公、心胸坦荡地与对方沟通。做事清廉、正直会让自己成为一个值得信赖的人。做任何事情的时候，都坚持做到言必行、行必果，讲究信誉，履行承诺，敢于承担责任，则一定会赢得别人的信任。

小故事

别人是自己的镜子

很久以前，有一个面包商，经常到一个农夫那里购买制造面包所需的黄油。一天，面包商突然兴起，决定称一称农夫卖给他的黄油够不够分量。这一称不要紧，不仅不够，还差得相当多。面包商气坏了，心想："农夫怎么能这样对待一个熟人和老主顾呢？"他决定抛开脸面，把农夫告上法庭。在法庭上，法官问农夫："你用的是什么量具？"农夫回答道："尊敬的法官大人，坦白地说，我使用的计算方法非常原始，但我确确实实有一台量具。"面包商依旧满脸气愤和不以为然。法官又问："那么，你是如何称量黄油的呢？""尊敬的法官大人，"农夫回答道，"每天在面包商来购买黄油之前，我都会先到他的面包店里购买一磅面包。当他购买黄油时，我就将面包放到我的量具上，称给他相同重量的黄油。"听到这里，面包商满脸羞愧，一句话也说不出来。

（二）责任无处不在

责任感是指自觉把事情做好的心理。把教育对象教会、教好，是教师的责任；把农作物种好，多产高产，是农民的责任；练就一身过硬的本领，保卫祖国的领土，是军人的责任……每个人都有自己应承担的责任。我们不应逃避责任，而应勇敢扛起责任。

责任感是我们战胜工作中诸多困难的强大精神力量，使我们有勇气排除万难，甚至可以把"不可能完成"的任务完成得相当出色。失去责任感，即使是做自己擅长的工作，也会做得一塌糊涂。

小故事

乔治的房子

乔治做了一辈子的木匠工作，并且以他的敬业和勤奋而深得老板的信任。乔治年老力衰后，想退休回家与妻子儿女享受天伦之乐。老板十分舍不得他，再三挽留，但是他去意已决，不为所动。老板只好答应他的请辞，但希望他能再帮忙盖一座房子。乔治自然无法推辞。

乔治已归心似箭，心思全不在工作上了，用料也不那么严格，做出的活也全无往日的水平。老板看在眼里，却什么也没说。等到房子盖好后，老板将钥匙交给了乔治。"这是你的房子，"老板说，"我送给你的礼物。"乔治愣住了，悔恨和羞愧溢于言表。他这一生盖了那么多华亭豪宅，最后却为自己建了这样一座粗制滥造的房子。

同样一个人，可以盖出华亭豪宅，也可以建造出粗制滥造的房子，不是因为技艺减退，而是失去了责任感。如果一个人希望自己一直有杰出的表现，就必须在心中种下责任的种子，让责任感成为鞭策、激励、监督自己的力量，使自己在工作上没有丝毫的懈怠。

六、树立集体意识与团队意识

树立较强的集体意识和团队意识对中职学生今后的日常生活与工作都有极大的促进作用。由于处在新的时代，社会环境不同，中职学生在思想和行为上也表现出一定的时代特征，如自我意识强、缺乏集体荣誉感、个人利益高于集体利益等。当前社会对人际交往与合作的要求越来越高，不少中职学生在专业上是合格的，但在集体意识、团队意识、敬业精神等方面却表现得不尽如人意。中职学生如何树立较强的集体意识和团队意识呢？

（一）正确认识集体与个人的关系

人总要生活在集体中，小到一个家，大至一个国，如果人人都不把自己视为集体的一员，那么这样的集体只能是一盘散沙，最终会走向灭亡。

第二次世界大战早期，敦刻尔克大撤退后，盟军损失惨重，英国退守孤岛……当时，除了英国人自己之外，大多数人都认为英国没有希望了。几个月过去了，伤亡人数不断上升，甚至首都伦敦也面临德军的昼夜轰炸，但是英国人绝不投降，究竟是什么支撑着这些人，是什么信念让他们坚持作战呢？这种平静和自信来自一个信仰，那就是他们所保护的东西是正确的，他们所保护的东西维系着个人和国家的关系并凌驾于所有人之上，它最终将战胜冰冷的军事计划，拯救国家的命运。当众志成城之后，所爆发出来的惊天威力成功地遏制了强大的德国军团，终于从泥潭中挽救了国家。

无独有偶，中国的抗战是在各种条件都极端艰难的情况下取得成功的，而在浩劫面前所爆发出的民族凝聚力靠的就是抗日民族统一战线。这就是集体意识的力量，它让零散的个体凝聚为强大的国家，冲破前进路上的一切阻碍。

集体也是我们每个同学成长的环境，集体的利益靠我们大家维护。因此，关爱集体就是关爱我们自己。

（二）正确认识团队与个人的关系

世界众多知名企业都明确将"合作精神"或"团队意识"作为对人才的一项基本要求。社会是一个大环境，有各行各业的人需要去接触、沟通，这对现代学校教育特别是中职学校教育提出了较高的要求。学校和社会不一样，如果学生在学校都无法养成良好的团队意识，那么今后走向工作岗位就会在工作能力上与他人拉开距离，难以融入工作团队，对自己工作的完成质量、未来的发展都会产生很多的负面影响。一个人只有具备了良好的团队意识才能更好地完成各项任务。因此，在学生时代培养良好的团队意识是不可缺少的。

团队意识是指整体配合意识，包括团队的目标、团队的角色、团队的关系、团队的运作过程四个方面。团队意识是一种主动将自己融入整个团体对问题进行思考，想团队之所需，从而充分地发挥自己作用的意识。团队中有各种不同类型的人，而每个人又有各自独特的甚至他人无法代替的优势。对于每个人的优势，可以根据实际需要合理地进行搭配，以发挥出最佳的整体组合效应。

小故事

谁是老大

有一天，五根手指聚在一起讨论谁是真正的老大。拇指骄傲地率先发言："五根手指中，我排第一而且最粗大，人类在称赞最好或是表现杰出的时候，都是竖起拇指，所以老大非我莫属。"食指不以为然，急着辩解："我才是老大，要知道夹菜时，没有我支撑着，根本夹不了菜，只有我才能让人类大快朵颐。另外，人类在指示方向时，必须靠我。"中指不屑一顾地说："五指中我最修长，犹如鹤立鸡群，而且我居最中间的位置，大家众星捧月，这不就是老大的证明吗？"无名指不甘示弱，理直气壮道："三位也未免太自大了，世上最珍贵的珠宝，只有戴在我身上才能相得益彰，因此我才配称老大。"见小指在一旁静默不语，其他四根手指惊异地一起问道："喂，怎么不谈谈你的看法，难道你不想当老大？""各位都有显赫的地位，我人微言轻，只是当人类在合十礼拜或打躬作揖时，我才最靠近真理与对方。"小指说道，"不过，如果我们彼此分开，其威力又表现在哪儿呢？别人之所以怕我们，是因为我们五位一体，不可分割啊！"

想要在团队中实现自我的价值，必须将个人的利益与他人利益联系在一起，帮助别人就是强大自己，帮助别人就是帮助自己。只有先付出才能有收获，不能过分地突出自己而不肯与他人合作。此外，还要明确个人的成功是建立在团队基础之上的，个体只有和团队结为一体，才能获得无穷的力量。只有团队成长了，个人才可能有发展的空间。著名管理大师彼得·圣吉（Peter M. Senge）说："不管你多么强大，你的成就多么辉煌，你只有保持与他人之间的合作关系，这一切才会有现实意义。"

七、正确区分友情与爱情

（一）友情不是爱情

友情与爱情既有联系又有区别。友情与爱情的区别主要有以下五点。

1. 支柱不同

友情的支柱是"理解"，爱情的支柱则是"感情"。友情最重要的支柱是彼此相互了解，不仅是对方的长处、优点，就是短处、缺点也要充分认清，只有这样才能产生友情。爱情则不然，它是把对方美化、视作理想后产生的恋爱，贯穿全过程的是感情。

2. 地位不同

友情的地位是"平等"，爱情却要"一体化"。朋友之间立场相同、地位平等，彼此之间无须多余的客气，也没有烦恼的担忧。遇到对朋友不利的情况时，可以直率地提出忠告，即使动怒也要义正词严地规劝。朋友之间就是这样，既有人格的共鸣，也有剧烈的冲突。爱情则不然，它具有一体感，身体虽二，心却为一，两者不是互相碰击，而是互相融合。

3. 体系不同

友情是"开放的"，爱情则是"关闭的"。两个人有坚固的友情，当人生观与志趣相同的第三者、第四者想加入时，大家都会欢迎。爱情则不然，两人恋爱时，如果第三者从旁加入，便会产生嫉妒心理和排除异己的行为。

4. 基础不同

友情的基础是"信赖"，爱情则纠缠着"不安"。一份真诚的友情具有绝对的信赖感，犹如不会动摇的磐石。而一对相爱的男女，虽没有相互背叛，但总是被种种不安所包围，如"我深深地爱着她，她是否也深深地爱着我？""他的态度稍微变了，是不是还和以前一样地爱着我？"等。

5. 心境不同

友情充满"充足感"，爱情则充满"欠缺感"。当两个人是亲密的好朋友时，彼此都有满足的心境；但当两个人成为恋人时，虽然初期会有一时的充足感，可不久之后就生出不满足感，总希望有更强烈的爱情保证，经常有一种"莫名的欠缺"尾随着，有着某种着急的感觉。

一般来说，每个人在交往中只要不欺骗自己，依据上述五个指标，仔细地观察、反省并做综合分析，就能对友情与爱情做出正确的辨别。

（二）与异性相处的原则

男女交往有助于促进彼此人格的健康和全面发展。一个既善于与同性交往又善于与异性相处的人，个性往往比较开朗，容易与人沟通，人际关系一般都比较好，社会适应力也比较强，会是一个很受欢迎的人。如果一个人在青春期独来独往，或者局限在同性的圈子里，那么他的个性会因此变得胆小、孤僻，社会适应力也比较差。但是，异性交往毕竟不同于同性。因此，中职学生有必要掌握与异性相处的原则和具体的方式、方法，只有这样才能在与异性相处中游刃有余，不失礼数。具体如下：

（1）注意保持一定的人际距离。过密的交往容易弱化双方的理智，导致对这份情感产生联想，所以，和异性交往时，不要刻意地追求那种同性朋友的亲密感。

（2）应举止大方。异性交往不能局限于生活琐事，应多一些学业上的互帮互助和思想沟通；在语言上不能流于轻浮；在行为上不能总打打闹闹，要做到举止文雅、落落大方。

（3）最好不要单独和一个异性同学交往。必须和某个异性同学单独相处时，应注意选择适当的环境和场所，尽量不要在偏僻、昏暗处长谈。

（4）应选择共同感兴趣的话题，创造和利用和谐、随和的气氛。例如，对于不太熟悉的异性同学，面对面式交谈不如侧面（两人就座的方向呈直角）交谈自然。

（5）应避免异性交往的认知偏差。例如，可能把对方礼节性的一笑理解为深情的一笑；把大家在一块无意的闲聊当成有意的搭讪；把四目无意相遇理解为"眉目传情，含情脉脉"；把在工作上发表赞同、支持自己意见的言行举动理解为"心有灵犀一点通"；等等。

掌握与异性交往的原则和方法，将为你的未来插上腾飞的翅膀。不要拘泥于"男女授受不亲"，但也不可没有任何约束地追求那所谓的"自由"。有矩、有节才是塑造正常异性交往关系的基石。

第四节　抵制校园暴力　拒绝不良诱惑

时代越来越进步，但令人担忧的校园暴力、不良诱惑也时有发生。据统计，2018 年

1月至 2019 年 10 月，全国检察机关共起诉校园暴力犯罪嫌疑人 6 962 人。中职学生缺乏社会生活经验，辨别是非能力不强，容易被一些不良诱惑所侵蚀，甚至走上违法犯罪的道路。

一、校园暴力的定义、类型、表现和应对

校园暴力是校园生活中不和谐的音符，它的危害和后果极为严重，对学生的健康成长构成巨大的威胁。除此之外，中职学生还面临着各种形形色色的诱惑，有些诱惑非常具有隐藏性。勇敢的人敢于战胜不良诱惑，聪明的人总能想出各种办法拒绝不良诱惑。只有无知或意志薄弱的人才抵挡不住不良的诱惑。中职学生只有掌握好自己人生的方向，才能愉快地学习和健康地成长。

（一）校园暴力的定义

目前，关于校园暴力并没有形成一种统一的定义，但基本形成了这样一种共识：发生在学校校园内、学生上学或放学途中及学校的教育活动中，由老师、同学或校外人员蓄意用语言、躯体力量、网络、器械等，针对师生的生理、心理、名誉、权利、财产等实施的达到某种程度的侵害行为，都算作校园暴力。

（二）校园暴力的类型及其表现

校园暴力主要有语言暴力、身体暴力、冷暴力等。

1. 语言暴力及其表现

语言暴力是指使用谩骂、诋毁、蔑视、嘲笑等侮辱性、歧视性的语言，对他人进行攻击，致使他人精神和心理受到损伤的行为。语言暴力大多来源于不平等的相互关系，主要表现为教师采用讽刺、挖苦等手段惩罚学生，学生给别人起绰号、公开别人隐私、嘲笑他人生理缺陷，家长对孩子使用粗暴恶俗的言语，等等。长期处于语言暴力下的学生往往回避问题，不敢与人正常交流，人格更加内向、封闭、自卑等；性格也会变得暴躁、易怒，内心充满逆反，甚至为了发泄不满而对他人、社会采取过激行为，直接影响和危害社会。

2. 身体暴力及其表现

身体暴力是最容易辨认的一种，主要体现为推、打、踢、撞、咬、扼喉、掐捏、拳击、抓挠、吐口水、性侵害、拉扯头发等身体攻击与胁迫行为。身体暴力会对受害者的身心产生严重伤害，严重影响受害者的正常学习、交往，甚至可能给受害者及其家庭造成永久性的伤害。

3. 冷暴力及其表现

冷暴力多表现为通过冷淡、轻视、放任、疏远和漠不关心，致使他人精神上和心理上受到侵犯与伤害。在学校中，同学间的冷暴力表现为通过说服同伴将某人排挤在团体之外；师生间的冷暴力主要表现为教师在教学过程中无视学生的存在，对其漠不关心，对成绩不好的学生进行冷嘲热讽，不让学生参加活动，对学生进行严密监控；等等。

（三）校园暴力的应对

当遭遇校园暴力的时候，千万不能忍气吞声、逆来顺受。要时刻保持清醒的头脑，最好不要进行正面搏斗，以免受到不必要的伤害；要采取及时告知老师、家长的措施，有必要时寻求法律的保护。作为21世纪有思想、有文化、有抱负的中职学生，我们应该严格要求自己，提高自身修养，维护校园的安定团结。学生是校园暴力的主要受害者，但同时也是防止校园暴力的主要力量。

对学生来说，让"暴力"远离校园，应该做好以下两方面工作：

（1）从自身做起，加强思想道德修养，从而铲除校园暴力滋生的土壤。许多案例表明，校园暴力事件的发生有一定的条件。越是思想政治工作薄弱、学生纪律差的学校，发生的校园暴力事件相对越多。学校暴力事件的发生是见不得人的、偷偷摸摸的。如果我们让"阳光"普照校园，那么施暴者就不敢出现。"阳光"是什么？"阳光"就是学校的正气，就是全校同学的正气。每个同学都要树立正气，这样才会形成学校的正气，这就要求学生养成举止文明、自尊自爱、尊重他人、团结互助的好品德和好习惯。

（2）在发现校园暴力事件时，要加强自我保护意识。在威胁与暴力来临之际，首先告诉自己不要害怕。要相信绝大多数的学生与老师，以及社会上一切正义的力量都是自己的坚强后盾，会坚定地站在自己的一方，千万不要轻易向恶势力低头。而一旦内心笃定，就会散发出一种强大的威慑力，让不法分子不敢贸然攻击。其次，要大声地提醒对方，他们的所作所为是违法违纪的行为，会受到法律严厉的制裁，会为此付出应有的代价，在能确保自身安全的前提下大声呼喊求救。最后，还应尽量保持镇静，受到伤害时，一定要及时报警或向老师报告。不要让不法分子留下"这个学生好欺负"的印象，如果一味纵容他们，最终只会导致自己频频受害，陷入可怕的恶性循环。

走近生活

2019年5月1日，14岁学生遭5名学生殴打致死。5名施暴者有3人与被害人同村，而且这3人的父母被采访时均表示"孩子平时很善良，根本没发现有丝毫的'暴力倾向'"，然而就是这些平时在父母面前的"乖乖虎"却隐藏着不为人知的残酷性格。

校园暴力、校园欺凌一直以来是未成年人成长道路上的一大隐患。不同程度、不同方式的校园暴力、校园欺凌事件不时地出现在社交媒体和新闻报道中，预防、干预、制止校园欺凌行为一直是整个社会所面临的难题。

问题：假如遇上校园暴力事件，你会怎么做？

二、小心不良诱惑的陷阱

随着经济的快速发展、改革开放的不断深入，中职学生面临的诱惑越来越多，其中不少是不良诱惑,这些诱惑无时不在中职学生的身边,严重地影响着中职学生的健康发展,影响着他们正确人生观的形成,同时也影响着他们的分析能力和是非判断能力。因此,认清它们、防范它们就成了当代中职学生的必修课。

小讨论

传说古希腊有一个海峡女亚,她用自己的歌声诱惑所有经过这里的船只,使它们触礁沉没。智勇双全的奥德赛船长勇敢地接受了横渡海峡的任务。为了抵御女亚的歌声,他想出了一个办法:让船员把自己紧紧地绑在桅杆上,这样即使他听到歌声也无法指挥水手,同时他还让所有的船员把耳朵堵上,使他们听不到女亚的歌声。结果,船只顺利渡过了海峡。故事中的奥德赛船长在这个过程中受到诱惑了吗?他是靠什么使船只顺利通过了海峡?不能抵制不良诱惑的后果会是什么?

(一)烟草的诱惑

中国疾病预防控制中心发布的烟草调查结果显示,2018 年我国 15 ~ 24 岁人群吸烟率已经上升到 18.6%,其中男性青少年吸烟率达 34%。青少年正经历人生习惯的重要养成期,这个时期如果养成吸烟习惯,今后的吸烟时间会更长,受到的危害也会更大。

1.烟草中的有毒有害成分

烟草燃烧产生的烟雾被吸入人体。烟雾中包含很多成分,主要有尼古丁、焦油、一氧化碳等。它们进入人体的各个部位后,会对人体健康产生巨大危害。

(1)尼古丁。尼古丁俗名烟碱,是一种存在于茄科植物中的生物碱,也是烟草的重要成分。尼古丁是一种无色透明的油状挥发性液体,具有刺激性的烟臭味,是主要的成瘾源。当血液流入大脑时,大脑的血脑屏障会自动屏蔽一些有害物质,可是尼古丁不会被血脑屏障屏蔽。烟草点燃产生的烟雾从被吸入人体到抵达大脑只需 7.5 秒。尼古丁会刺激大脑产生多巴胺,多巴胺的分泌能使人变得兴奋、愉悦。若干小时之后,尼古丁对大脑的作用就会消失,大脑又开始怀念多巴胺分泌的感觉,这就是吸烟成瘾的原因。

尼古丁对人体危害极大。1 支香烟中的尼古丁可以毒死一只小白鼠,20 支香烟中的尼古丁可以毒死一头牛。人抽烟之所以不会直接致死,是因为在吸烟时只有 20% 的尼古丁进入人体,剩下的扩散到空气中或在燃烧的过程中被破坏了。但是长期吸入尼古丁会损害脑细胞,导致中枢神经系统障碍。

(2)焦油。焦油是烟草中有机物质有氧燃烧的产物,是烟草致癌的主要物质。焦油包含一些烃类及烃的氧化物、硫化物和氮化物等,还包含一些重金属,如铬、镉、砷等,这些物质是医学上证实了的 I 类致癌物。这些致癌物进入人体细胞后,能破坏细胞的 DNA,使细胞变异,形成癌细胞。

（3）一氧化碳。一氧化碳的化学式为 CO，在标准状况下为无色、无臭、无刺激性的气体。人体血液的一个重要功能就是运输氧气，而运输氧气的重要成分是血红蛋白。烟草燃烧后产生的一氧化碳进入人体后极易与血红蛋白结合，形成碳氧血红蛋白，使血红蛋白丧失携氧的能力和作用，造成组织窒息，严重时导致死亡。

2. 吸烟的危害

（1）吸烟对个人的危害。吸烟危害健康已是众所周知的事实。国家癌症中心发布的年报显示，我国癌症的发病人数与死亡人数呈上升趋势，目前癌症已成为我国居民首要的死亡原因，其中 25% 左右的癌症死亡与吸烟有关。吸烟的危害是无形而缓慢的，可能在 10 年、20 年、30 年之后才能显现。

① 吸烟会导致血栓，引发各种心脏病。烟草中的一氧化碳会降低血液吸收氧气的能力；尼古丁会导致心跳加快，血压升高，心脏的承受能力减弱。心肌缺氧会引起冠状动脉痉挛，心脏局部缺血（或心绞痛）促使动脉粥样硬化累积，诱发心脏疾病。

② 吸烟会损害脑部，引发多种脑部疾病。吸烟会阻碍脑部的氧气及血液循环，使脑部血管出血及闭塞，从而导致麻痹、智力衰退及中风等。

③ 吸烟会损害口腔，引发口腔癌和喉癌。烟草中的焦油及烟雾的热量会使唾液腺发炎、味蕾受损、味觉和嗅觉功能大大减弱，容易导致口腔癌。烟气可引起口腔黏膜轻度烧伤而产生慢性热创伤，最终导致喉癌。

④ 吸烟会损害肺部。吸烟能导致支气管上皮细胞的纤毛变短和不规则，使支气管运动发生障碍，降低人体局部性抵抗力。因此，吸烟者的支气管更容易受到感染。此外，吸烟还会引发肺癌。相关统计资料显示，与不吸烟者相比，长期吸烟者的肺癌发病率高 10～20 倍，喉癌发病率高 6～10 倍，冠心病发病率高 2～3 倍，循环系统疾病发病率高 3 倍，气管炎发病率高 2～8 倍。

⑤ 吸烟会损害胃部。患有肠胃疾病者，吸烟会使其肠胃病更加恶化。吸烟能刺激神经系统，加速唾液及胃液的分泌，使胃肠时常呈现紧张状态，导致吸烟者食欲不振。

⑥ 吸烟会损害全身骨骼。烟草中的尼古丁能令血管收缩，降低流到新生骨骼的血量，从而引发背痛和骨质疏松等疾病。

⑦ 吸烟会损害肝脏。经常抽烟会影响肝脏的脂质代谢作用，令血液中脂肪增加，使良性胆固醇减少，恶性胆固醇增加。

⑧ 吸烟会损害肠道。吸烟会导致结肠癌，患此癌的概率与吸食烟草的分量成正比。

⑨ 吸烟会损害循环系统。吸烟对脊髓的神经中枢起抑制作用，引起末梢血液循环障碍。

（2）吸烟对家庭的影响。二手烟又称环境烟草烟、被动吸烟。根据世界卫生组织（WHO）的定义，不吸烟者每周至少有一天以上吸入吸烟者呼出的烟雾且每天超过 15 分钟即为被动吸烟。相关检测显示，二手烟中包含 4 000 多种有害物质，其中 40 多种有害物质与癌症有关。

① 吸烟会危害家人的健康。当空气受到烟草烟雾污染时，尤其在密闭环境中，所有身处其中的人都将吸入烟雾。这些烟雾中的刺激性毒物会使人出现流泪、咳嗽、咽喉不适等症状，引发呼吸系统疾病，如哮喘、咽炎、气管炎、肺炎等。严重者还会增加罹患心脑血管疾病、呼吸系统疾病及癌症的危险性。

② 二手烟会引起妊娠期间胎儿发育异常。二手烟中的有害物质会污染子宫内环境，导致母体内血氧含量降低，可能会造成胎儿各种生命指征不正常，如胎儿发育迟缓、胎儿各个系统的缺陷等，严重时还会引起早产、死胎。

③ 二手烟会严重影响儿童的身心健康。研究显示，吸入二手烟儿童的身高、体重均低于未吸入二手烟的儿童。长期暴露在二手烟中的儿童更易出现精力无法集中、头痛、头晕等现象，严重影响学习。

（3）吸烟对社会的危害。吸烟不但危害人类的生命，而且对环境造成了严重的影响。烟草种植地区多是树木稀疏的半干旱地区，种植烟草会破坏土地资源，造成严重的水土流失。同时，卷烟制造过程中的纸消耗也会对环境产生严重的破坏。

吸烟极易引起火灾，造成严重的经济损失。相关统计资料显示，2019 年 3 月，全国共接报火灾 2.24 万起，导致 103 人死亡、64 人受伤，造成直接财产损失 2.14 亿元。从起火原因看，吸烟引发的火灾占全部火灾数量的 8.1%。为了扑灭火灾，仅 3 月全国各类消防救援队伍就共计接警出动 9.95 万起，比 2018 年同期增加 7.5%，共出动消防救援指战员 111.8 万人次、消防车辆 19.7 万辆次。

2019 年 4 月 12 日，云南省大理白族自治州鹤庆县辛屯镇发生的森林火灾就是村民奚某某在田地边做农活时吸烟引起的。据统计，此次森林火灾造成林木损失 3 377.67 万元，其中直接经济损失 1 709.8 万元，间接经济损失 1 667.87 万元。

3. 抵制烟草的诱惑

目前，影响青少年吸烟的因素仍广泛存在，青少年控烟形势依然严峻。周围人的影响是青少年尝试吸烟的重要影响因素。此外，影视剧中的吸烟镜头对青少年尝试吸烟有着非常重要的诱导作用。中职学生一定要提高自制力，抵制烟草诱惑，绝不要因好奇心吸第一口烟，也不能因为经不住朋友的劝而吸第一口烟。

对中职学生开展控烟教育刻不容缓。家长和教师应发挥好模范带头作用，那些有烟瘾的家长或教师要自己先戒烟，未能戒烟之前要尽量避免在学生和孩子面前吸烟。良好的家庭环境和学校环境是阻止中职学生吸烟的有效途径之一。学校应定期开展警示教育，组织学生观看相关图片、视频，让学生深刻认识问题，反省自我。此外，国家也应加强舆论宣传，多利用电影、电视、广告等宣传吸烟的危害，使吸烟者产生戒烟的信心，给青少年营造一个拒绝烟草的氛围和环境，让他们健康快乐地成长和发展。对中职学生开展控烟教育，可以让他们全面认识烟草的危害，自觉抵制烟草的诱惑。

（二）毒品的诱惑

比起烟草，毒品的危害无疑大得多。2019 年，中国毒品滥用形势继续好转，经过持续深入推进青少年毒品预防教育工程、社区戒毒社区康复工程及吸毒人员"清零""清隐""清库"行动等专项工作，国内毒品滥用增长势头进一步减缓。但滥用人数规模依然较大、吸毒活动隐蔽性增强、新类型毒品增多，治理巩固难度加大。

1. 毒品的含义

《中华人民共和国刑法》（以下简称《刑法》）第三百五十七条规定，毒品是指鸦片、海洛因、甲基苯丙胺（冰毒）、吗啡、大麻、可卡因以及国家规定管制的其他能够使人形成瘾癖的麻醉药品和精神药品。国际禁毒公约将具有依赖特性的药物分为麻醉药品和精神药物两大类进行国际管制，它们被统称为精神活性药物，这些药物如果滥用便是毒品。从自然属性讲，这类物质在严格管理条件下合理使用具有临床治疗价值，是药品；从社会属性讲，如果为了非正常需要而强迫性觅求，这类物质便失去了药品的本性，就成为毒品。因此，毒品是一个相对的概念。

在此需要区分毒品和毒药，它们是不一样的。毒药是剧毒药品的简称，是指毒性剧烈、治疗剂量与中毒剂量相近、使用不当会致人死亡的药品，没有人会迷恋它，如古装武侠剧里经常出现的砒霜（三氧化二砷）就是一种毒药。而毒品与毒药最大的不同就在于，毒品能使人产生某种"舒适感"，从而让人在迷醉中感到"满足"，以致成瘾。

2. 毒品的特征

一般来说，毒品具有以下共同特征：有一种不可抗拒的力量强制性地使吸食者连续使用该品，并且不择手段地去获得它；连续使用有加大剂量的趋势；对该品产生精神依赖性及躯体依赖性，断用后产生戒断症状；对个人、家庭、社会都会产生危害性结果。

3. 毒品的分类

毒品根据不同的标准有不同的划分方法。

（1）联合国麻醉品委员会对毒品的分类。联合国麻醉品委员会将毒品分为以下六大类：

① 吗啡型药物（包括鸦片、吗啡、可卡因、海洛因和罂粟植物等）。

② 可卡因、可卡叶。

③ 大麻。

④ 安非他明等人工合成兴奋剂。

⑤ 安眠镇静剂（包括巴比妥类药物和甲喹酮）。

⑥ 精神药物，即安定类药物。

（2）世界卫生组织对毒品的分类。世界卫生组织将当成毒品使用的物质分成以下八大类：吗啡类、巴比妥类、酒精类、可卡因类、印度大麻类、苯丙胺类、柯特（KHAT）类、致幻剂类。

其他毒品还有烟碱、挥发性溶液等。目前，毒品种类已有200多种。

4.毒品的危害

（1）毒品对个人的危害。毒品对个人的危害主要体现在生理和心理两个方面。

① 在生理方面，不同的毒品摄入体内，都有各自的毒副反应及产生戒断症状，对健康产生直接而严重的损害，吸毒过量甚至会导致死亡。此外，由于毒品对消化系统、呼吸系统、心血管系统、免疫系统的影响，滥用毒品可导致多种并发症的发生，如急慢性肝炎、肺炎、败血症、心内膜炎、肾功能衰竭、心律失常、血栓性静脉炎、动脉炎、支气管炎、肺气肿、各种皮肤病、慢性器质性脑损害、中毒性精神病、性病及艾滋病等。

② 在心理方面，由于毒品的生理依赖性与心理依赖性，吸毒者会成为毒品的奴隶，他们生活的唯一目标就是设法获得毒品，为此失去了工作、生活的兴趣与能力。长期吸毒者精神萎靡，形销骨立，"人不像人，鬼不像鬼"。因此，有人告诫吸毒者："吸进的是白色粉末，吐出来的却是自己的生命。"吸毒者的非正常死亡率是普通人的十几倍，长期吸毒而没有戒断的人一直处于高度的生命危险之中。有统计表明，吸毒者的寿命比普通人要短 10 ~ 15 年，约 1/4 的吸毒者会在吸毒开始后的 20 年内死亡。

（2）毒品对家庭的危害。除对吸毒者自身的生理和心理产生严重的危害以外，毒品（吸毒）对家庭还会产生很严重的危害。一个人一旦吸毒成瘾，就会人格丧失、道德沦丧，在为购买毒品耗尽正当收入后便会变卖家产，四处举债，六亲不认。家中只要有了一个吸毒者，全家从此就会永无宁日。妻离子散、家破人亡往往就是吸毒者家庭的结局。

小故事

吸毒导致家破人亡

2018 年 3 月 19 日凌晨，陈某与他人在成都吸食大量毒品后，驾车于当日 22 时许回到乐至县家中。回家后的陈某因吸毒产生幻觉，认为父母要迫害自己，遂将其父母及女儿杀害。随后，陈某在开车逃离现场的过程中，先后与 3 辆汽车发生追尾及擦剐，并下车持刀刺伤 6 名无辜群众，造成 1 人重伤、3 人轻伤、2 人轻微伤。2020 年 6 月 24 日，陈某被执行死刑。

（3）毒品对社会的危害。吸毒与犯罪如同一对孪生兄弟。吸毒者为获毒资往往置道德、法律于不顾，越轨犯罪。如今，吸毒成为社会痼疾，在全世界蔓延，影响人类社会健康发展。吸毒对社会生产力有巨大的破坏力。首先，吸毒会导致身体疾病，影响生产；其次，吸毒会造成社会财富的巨大损失和浪费；最后，制毒活动还会造成环境恶化，缩小人类的生存空间。毒品交易还会扰乱社会治安，诱发各种违法犯罪活动，给社会安定带来巨大威胁。

5.抵制毒品的诱惑

近年来，毒品的伪装性、迷惑性和时尚性越来越强，让人一不小心，就很容易"踩雷"。在面对形形色色的毒品陷阱时，中职学生自己应多加注意，远离毒品，健康生活。

（1）摒弃不良嗜好。许多吸毒成瘾者是从吸烟、喝酒开始的，然后使用安非他明，最后为了追求更大的感官刺激而走上吸毒的不归路。因此，远离毒品的最简单的方法就是自始至终地摒除不良嗜好。

（2）善用好奇心，不要以身试毒。对毒品不要抱有好奇心。毒品所造成的心理依赖非常可怕，吸毒者在监狱服刑三五年，其"身瘾"早已戒除，但是"心瘾"难除，往往一出狱又情不自禁、千方百计地找毒、吸毒，这就是部分吸毒者终身都在进出监狱的原因。因此，千万不要出于好奇心，或自认为"意志过人""吸毒绝不会上瘾"而以身试毒。

（3）尊重自我，坚决拒毒。毒品所伤害的是自己的健康与尊严。懂得尊重自己是对自己的生命负责，千万不要碍于情面或讲求朋友义气而接受朋友的引诱与怂恿。

（4）建立正当的情绪纾解方法。人生不如意事十之八九，每个人都难免有情绪低落、苦闷沮丧的时候，这就需要寻求方法纾解、宣泄，但应该寻求正当健康的纾解方法，如听音乐、看电影、运动、找朋友倾诉等；如果因一时空虚、烦闷而用毒品来纾解，就会沉沦于毒品而无法自拔。

（5）正确用药。健康的身体及饱满的精神依靠的是适当的营养、运动与休息，而用毒品药物等来提神或治疗病痛只不过是预支精力、透支生命的愚行罢了。一些不法商人利用人性的弱点在槟榔、提神药或减肥药中掺入毒品，青少年应特别注意对这些物品的使用，不要随便听信夸张的药效。

（6）远离是非场所。据统计，网吧、KTV及地下酒吧、舞厅等场所是吸毒犯和贩毒者常出现的地方，贩毒者往往不择手段地在这些地方设陷阱，引诱或威胁青少年吸食毒品。只有远离是非场所，才能远离毒品。

（7）提高警觉，不接受陌生人的食品。毒品不会从天而降，时下已发现有将毒品掺入香烟、零食、饮料中供人吸食的案例，所以青少年应随时提高警觉，在不熟悉的场所中不随意接受他人递送的食品，以确保自身安全。

（三）黄、赌的诱惑

"黄"是指淫秽的读物和音像制品及淫秽行为。涉黄的人，轻者想入非非，精神不振，无心向学；重者会诱发性犯罪及与之联系的暴力犯罪。《刑法》第三百六十四条规定，传播淫秽的书刊、影片、音像、图片或者其他淫秽物品，情节严重的，处二年以下有期徒刑、拘役或者管制。

"赌"即赌博，是指以金钱或金钱以外有经济价值的物品作为台面的抵押，通过各种形式的输赢较量后使得上述抵押物品在投注人之间有所更易或转移的一种行为。换言之，赌博就是利用赌具，以钱财作为赌注，以占有他人利益为目的的违法犯罪行为。这是一种丑恶的社会现象，容易使人滋长不劳而获的思想，败坏社会风气。青少年染上赌博恶习后，会严重影响学习，扭曲人际关系，甚至一步步走上诈骗、偷窃、抢劫的犯罪道路。

中职学生应做到洁身自爱，培养良好的性态度与性观念，远离淫秽物品，坚决做到不买、不看、不传、不藏，不受坏人的拉拢、利诱和胁迫，积极参加有益健康、积极向上的文艺活动，做一个新时代的"四有"青年。中职学生应充分认识赌博的危害，树立正确的人生观、价值观，自觉遵守校纪校规，从小事做起，防微杜渐，正确区分娱乐和赌博的界限。

中职学生要树立远大理想，交友要谨慎，不盲目崇拜，不进出危险场所，不给不法分子以可乘之机。当在生活中遇到挫折时，不要逃避现实，要学会正确处理身边发生的事情，不要因一时冲动而涉黄涉赌。

三、艾滋病及其预防

（一）艾滋病的传播

艾滋病作为一种传染病，与其他传染病一样，传播时也需要三个基本条件，即传染源、传播途径和易感人群。

1. 传染源

艾滋病患者及艾滋病病毒携带者都是艾滋病的传染源。艾滋病病毒存在于感染者的体液和器官组织内，感染者的血液、精液、阴道分泌液、乳汁、伤口渗出液中含有大量艾滋病病毒，具有很强的传染性；泪液、唾液、汗液、尿液、粪便等在不混有血液和炎症渗出液的情况下含此种病毒很少，没有传染性。

2. 传播途径

通常来说，艾滋病的传播途径主要有三种，即性传播、母婴传播和血液传播。

（1）性传播。艾滋病病毒可通过性交传播。患有性病（梅毒、淋病、尖锐湿疣）或溃疡时，会增加感染艾滋病病毒的危险。艾滋病病毒感染者的精液或阴道分泌物中有大量的病毒，通过肛门性交、阴道性交就会传播病毒。口交传播的概率比较小，除非健康一方口腔内有伤口或者破裂的地方，艾滋病病毒就可能通过血液或者精液传播。

（2）母婴传播。如果一个母亲是艾滋病病毒感染者，那么她很有可能会在怀孕、分娩过程中或者通过母乳喂养使她的孩子受到感染。但是，如果母亲在怀孕期间服用有关抗艾滋病的药品，婴儿感染艾滋病病毒的可能性就会降低很多，甚至不会感染。

（3）血液传播。血液传播又可以分为如下几个传播途径：

① 输血传播。如果血液里有艾滋病病毒，输入此血者将会被感染。

② 血液制品传播。有些患者（如血友病患者等）需要注射由血液中提取的某些成分制成的生物制品。如果这些生物制品中含有艾滋病病毒，那么被注射者将会被感染。

③ 其他。牙科手术，打架斗殴，共用牙刷、剃须刀，从事易出血行业（如五金切割等）等，都很容易通过血液传播感染艾滋病。

3. 易感人群

（1）吸毒者。经静脉注射毒品成瘾者占全部艾滋病病例的 15% ~ 17%，主要是因为他们在吸毒过程中反复使用了未经消毒或消毒不彻底的注射器、针头，而其中被艾滋病病毒污染的注射器具无疑造成了艾滋病在吸毒者中的流行和传播，从而使吸毒者成为艾滋病高危人群。滥用成瘾性药物和毒品是艾滋病多发与流行的一个重要原因。

（2）男男性接触者（包括双性恋者）。男男性接触者易感染艾滋病的原因主要有以下几个：肛门性交是男男性接触者主要的性行为方式；男男性接触者频繁的性接触常伴随其他性病（如梅毒、淋病等）的出现，性病引起皮肤、黏膜受损出血，增加了感染艾滋病的机会；过度的性放纵会造成大量精液流失，引起机体缺锌，造成机体免疫力下降；一部分男男性接触者是静脉注射吸毒成瘾者，共用注射器增加了感染艾滋病的机会。

（3）血友病患者。在所有艾滋病患者中，因血友病而感染艾滋病病毒的占 1% 左右。因为血友病是一种因体内缺乏凝血因子Ⅷ而出现的疾病，如果不输入外源性凝血因子Ⅷ，则患者会在受轻微外伤后流血不止。据报道，凝血因子Ⅷ主要存在于治疗血友病的血液制品——冻干浓缩制剂中。另外，根据对血友病的检测分析，普通血友病患者本身机体中的淋巴细胞成分已有轻度失调，这类免疫功能本身就有轻度异常的患者更易感染艾滋病病毒。

（4）接受输血或血液制品者。除抗血友病制剂外，其他血液与血液制品（浓缩红细胞、血小板、冷冻新鲜血浆）的输注也与艾滋病的传播有关。现在全世界已经认识到这一问题，所以因接受输血或血液制品而感染艾滋病病毒的概率越来越小了。

（5）与高危人群有性关系者。与高危人群有性关系者是艾滋病的又一易感人群，这个人群不仅包括同性恋者，还包括与高危人群有异性性关系者。

（6）艾滋病的其他高发人群。从理论上说，任何人群都易感艾滋病，但真正的艾滋病易感人群主要为上面所提的五类人群。从年龄上看，艾滋病虽可发生于任何年龄阶段，但事实说明，90% 以上的艾滋病患者发生于 50 岁以下的人群，而其中又主要发生在两个年龄组，即 20 ~ 40 岁的成人组和婴幼儿组。由于患有艾滋病的母亲可通过胎盘、产道、乳汁将病毒传播给出生前的胎儿或出生后的婴儿，因而患有艾滋病的女性所生的孩子也是艾滋病的易感者。

（二）艾滋病的危害

1. 艾滋病对个人的危害

艾滋病对个人的危害主要体现在生理和心理两个方面。从生理上讲，艾滋病病毒是通过破坏人体免疫系统的方式来摧毁人的抵抗能力的。一旦感染艾滋病病毒，人体内的免疫功能便会逐步丧失，各种病毒会通过体液的交换乘虚而入，体内原有的一些不正常细胞也会迅速生长繁殖，最终发展成各类恶性肿瘤。经过数年的潜伏期，感染者发展成艾滋病患者后，健康状况就会迅速恶化，致使身体在承受巨大的痛苦后死于一种或几种疾病。

从心理上讲，艾滋病病毒感染者一旦知道自己感染艾滋病病毒，无异于被宣判"死刑"，会产生巨大的精神压力。加之社会上一些人对艾滋病的无知，使艾滋病病毒感染者在个人工作、学习、住宿、就医、恋爱、婚姻等方面容易受到社会的歧视，这更增加了艾滋病病毒感染者的痛苦。另外，许多艾滋病病毒感染者为了保护自己和家人，往往采取隐瞒病情的做法，这会导致他们很难得到亲友的关心和照顾，进而导致个人生活困难，同时造成严重的心理创伤。科学研究表明，具有高度的心理压力的艾滋病病毒感染者的发病速度是只有一般心理压力和获一定帮助的感染者的 2 ~ 3 倍。

2. 艾滋病对家庭的危害

艾滋病在使个人遭受巨大的痛苦和压力的同时，也给家庭带来了种种不幸。

（1）艾滋病病毒感染者的家庭成员和他们一样，也要背负沉重的精神和心理负担，被周围人群歧视和疏远，甚至会影响家属的生活和工作，大大增加了家庭关系不和甚至破裂的可能性。

（2）家庭经济支出增加。艾滋病的医疗费用是没有限度的，对于我国大多数家庭而言，有一名成员患艾滋病就意味着倾家荡产。许多家庭因此而一贫如洗，还有很多家庭因此而解体。

（3）家庭直接收入减少。多数艾滋病病毒感染者是处于 20 ~ 45 岁的青壮年，他们的收入大多是一个家庭的主要来源，一旦他们部分或全部丧失劳动能力，将会使家庭直接收入减少。

（4）家庭其他收入减少。如果家庭内有艾滋病病毒感染者，那么家庭成员就不得不减少工作或学习时间来照顾他们，这会使家庭成员的经济收入受到损失。另外，来自社会的歧视、家庭纠纷等问题也间接导致家庭成员社会地位的下降和收入的减少。

（5）艾滋病遗孤问题。有艾滋病病毒感染者的家庭，其结局一般都是留下孤儿无人抚养，或留下父母无人抚养。艾滋病使千千万万的儿童沦为孤儿，他们不仅要承受失去亲人的痛苦，还要经常忍受他人的歧视。

3. 艾滋病对社会的危害

艾滋病是一个受全球关注并关系到民族兴衰、社会稳定和经济发展的重大问题，其危害的严重性已经被众多国家和政府所认识。艾滋病对社会的危害主要表现在以下方面：

（1）影响人口发展。艾滋病的流行趋势直接关系到人口的数量、素质、结构，关系到健康、福利和安全等众多人口的问题，也关系到人口发展战略的政策取向。艾滋病主要侵害 20 ~ 45 岁的青壮年，会导致人均期望寿命大幅下降。数据显示，在 9 个发病率最高的非洲国家中，人均预期寿命已由 64 岁降至 47 岁。在人口素质方面，艾滋病直接导致社会中最具生产力的青壮年死亡，这将严重影响出生人口素质和婴幼儿死亡率，同时使儿童受教育状况恶化、民族素质下降。在年龄结构方面，青壮年的流失会直接或间接地改变人口年龄结构，加剧人口老化速度，提高人口老化指数。

（2）影响经济发展。青壮年是物质再生产的主力军，艾滋病使得劳动力人口急剧减少。一方面，社会生产力遭到严重破坏，据专家估计，艾滋病病毒感染率达到 20% 的国家，每年人均国内生产总值（GDP）平均下降 2.6 个百分点；另一方面，使国家的医疗系统不堪重负，医疗费用急剧增加，国家需要拿出相当一部分资金来用于艾滋病的防治。另外，艾滋病严重流行的国家还将面临国外投资者减少的状况，以及蒙受因旅游业收入下降而带来的经济损失。艾滋病将会使国家经济付出巨大代价，影响整个社会经济的发展。

（3）影响社会稳定。艾滋病必将导致遗孤和因病致贫等问题，使贫困人口增加，加大贫富差距，贫富的两极分化可能使社会秩序和社会稳定遭到破坏。因为对艾滋病的恐惧，感染了艾滋病病毒的个人及其家人在受教育、就业、就医等基本权利方面常常受到一些不公正的对待，这很容易引起他们对社会的不满，产生报复心理，可能会导致犯罪，影响社会的稳定。

（三）艾滋病的预防

对于艾滋病，目前世界上并没有有效的疫苗，但根据艾滋病病毒传播的途径，可以采取相应的措施对艾滋病进行有效预防。

1. 性传播的预防

（1）从青少年起，就应树立健康的恋爱、婚姻、家庭及性观念。这是预防和控制艾滋病与性病的治本之策。

（2）绝对不能参与危险的卖淫、嫖娼活动；同性恋者必须停止多性伴侣的性乱行为，即使选定一个固定性伴侣，也必须非常了解这个人的性行为和是否已感染艾滋病病毒；任何人都不应参与性乱活动。

（3）防止艾滋病的最简单的办法就是每次性行为都一定要使用安全套，这样可以避免体液交流。

2. 血液传播的预防

（1）绝对不可尝试吸毒；已有毒瘾的人必须立即戒毒，因为静脉注射毒品最容易引起艾滋病病毒传播。

（2）在必须接受输血时，事先一定要了解血液来源是否安全。当患者本人不能这样做时，家属一定要重视了解情况。同时，不可注射可疑的血液制品。

（3）不卖血，更不可到非法的地下采血点去卖血。

3. 母婴传播的预防

（1）如果想要拥有一个幸福的家庭和健康可爱的孩子，在婚前体检及孕前检查中应检测艾滋病病毒抗体，婚后双方都必须严格遵守性道德，互相忠诚。

（2）感染艾滋病病毒的孕妇要在医生的指导下采取一定的措施，如孕期和产时服用抗病毒药物、住院分娩减少损伤性危险操作、产后避免母乳喂养等，可大大减少将艾滋病病毒传染给胎儿或婴儿的机会。

)))情境感悟(((

在一次"珍爱生命，远离毒品"的主题班会上，班主任介绍了我国禁毒部门的一些信息：

（1）2020年，中国禁毒部门全力开展"净边2020"专项行动，着力构建全覆盖毒品预防教育、全环节管理服务吸毒人员、全链条打击毒品犯罪、全要素监管制毒物品、全方位监测毒情态势、全层级落实禁毒工作责任的"六全"中国特色毒品治理体系，进一步推动毒情形势持续好转。

（2）缉毒警察是和平年代最危险的警种之一，每次执行任务面对的都是无法预知的危险。缉毒警察牺牲比例是普通警察的4.9倍，受伤率更是比普通警察高数十倍，他们被称为"在刀尖上行走的人"，他们将生命托付给未知，只为驱散你我身后的那片黑暗。

与毒品违法犯罪做斗争，不只是社会的事情，更是每个人的事情。作为一名中职学生，我们能为禁毒工作做出哪些努力与贡献？

_____

_____

_____。

活动平台

活动一 尊重生命

1.阅读名作

学生自由进行分组，以小组为单位，广泛收集、阅读有关生命的作品，小组可以自主拟定阅读的书目，也可以参考教师推荐的阅读书目。阅读结束后，每个学生将自己对生命意义的认识、对生命的感悟写出来，不少于500字。

推荐阅读：《假如给我三天光明》《钢铁是怎样炼成的》《秋天的怀念》等。

2.收集故事

通过身边的亲人、朋友、同学收集与生命有关的故事，进一步明确生命的价值。

活动二 了解父母，感恩父母

你是否了解和关心你的父母？请回答以下问题，把你的答案写在一张纸上交给父母评分。

（1）你父母的生日分别是哪天？

（2）你父母的体重分别是多少？

（3）你父母的身高分别是多少？

（4）你父母分别穿多大尺码的衣服？

（5）你父母最喜欢的颜色分别是什么？

（6）你父母最喜欢吃的菜分别是什么？

（7）你父母最喜欢的水果分别是什么？

（8）你父母最喜欢的日常娱乐活动分别是什么？

（9）你父母最好的朋友分别有哪些？

（10）你父母最大的爱好分别是什么？

活动三　生命中最重要的"五样"

1. 进行分组

学生5人一组，准备训练所用的纸和笔。

2. 以小组为单位展开活动

（1）每个学生都认真思考并回答一个问题：你生命中最重要的人、事或物是什么？将思考后的答案写出来，要求写出5个，不能多也不能少。写完之后，小组之间进行第一轮交流。

（2）当所有学生都写出5个答案之后，教师指导进入下一环节。教师向学生提问：假如要从5个答案中划去一样，你首先会划去哪一个？划去这个答案的理由是什么？剩下的4个答案中，再划去一个你会怎么选择？依次进行，直到剩下最后一个答案。

（3）小组之间分享自己做出取舍时的心理感受。

3. 活动总结

教师对此次活动进行总结，引导学生体会生命的价值。

活动四　人际关系综合诊断量表

1. 进行测试

指导语：本量表共28个问题，每个问题做"是"（打"√"）或"否"（打"×"）的回答。请认真完成，然后参看后面的评分标准，对测验结果做出解释。

（1）关于自己的烦恼有苦难言。　　　　　　　　　　　　　　　　　　（　　）

（2）和陌生人见面时感觉不自然。　　　　　　　　　　　　　　　　　（　　）

（3）过分羡慕和妒忌别人。　　　　　　　　　　　　　　　　　　　　（　　）

（4）与异性交往太少。　　　　　　　　　　　　　　　　　　　　　　（　　）

（5）对连续不断的会谈感到困难。　　　　　　　　　　　　　　　　　（　　）

（6）在社交场合感到紧张。　　　　　　　　　　　　　　　　　　　　（　　）

（7）时常伤害别人。　　　　　　　　　　　　　　　　　　　　　　　（　　）

（8）与异性来往感觉不自然。　　　　　　　　　　　　　　　　　　　（　　）

（9）与一大群朋友在一起，常感到孤寂或失落。 （　　）

（10）极易受窘。 （　　）

（11）与别人不能和睦相处。 （　　）

（12）不知道与异性相处时如何适可而止。 （　　）

（13）当不熟悉的人对自己倾诉他的生平遭遇以求同情时，自己常感到不自在。 （　　）

（14）担心别人对自己有什么坏印象。 （　　）

（15）总是尽力使别人欣赏自己。 （　　）

（16）暗自思慕异性。 （　　）

（17）时常避免表达自己的感受。 （　　）

（18）对自己的仪表（容貌）缺乏信心。 （　　）

（19）讨厌某人或被某人所讨厌。 （　　）

（20）瞧不起异性。 （　　）

（21）不能专注地倾听。 （　　）

（22）自己的烦恼无人可诉说。 （　　）

（23）受到别人的排斥与冷漠。 （　　）

（24）被异性瞧不起。 （　　）

（25）不能广泛地听取各种意见、看法。 （　　）

（26）自己常因受伤害而暗自伤心。 （　　）

（27）常被别人谈论、愚弄。 （　　）

（28）与异性交往不知如何更好地相处。 （　　）

2. 评分标准

打"√"的得1分，打"×"的得0分。

3. 结果解释

（1）总分在0～8分，说明受测者善于交谈、性格开朗，对周围朋友很好，愿意与他们在一起，彼此相处得不错。

总分在9～14分，说明受测者与朋友相处有一定的困扰，人缘一般，与朋友的关系时好时坏，经常处于起伏变动之中。

总分在15～28分，说明受测者在与朋友相处时存在严重困扰。分数超过20分，则表明人际关系行为困扰程度很严重，而且在心理上有较为明显的障碍：受测者可能不善于交谈，也可能是个性格孤僻的人，不开朗，或者有明显的自高自大、讨人嫌的行为。

（2）28道题目可以分成4组，它们可以分别测查你在以下4个方面的困扰程度：

① I组（1）、（5）、（9）、（13）、（17）、（21）、（25）题的总得分数，显示出受测者在交谈方面的行为困扰程度。

得分在6分以上，说明受测者不善于交谈，只有在极需要的情况下才同别人交谈，总难以表达自己的感受，无论是愉快还是烦恼；受测者不是个很好的倾听者，往往无法专心听别人说话或只对单独的话题感兴趣。

得分为3~5分，说明受测者的交谈能力一般，能够诉说自己的感受，但不能讲得条理清晰。如果受测者与对方不太熟悉，开始时往往表现得比较拘谨与沉默，不太愿意与对方交谈，但这种状况一般不会持续太久。经过一段时间的接触，受测者可能会主动与人搭话，这方面的困扰也就会随之减轻或消除。

得分为0~2分，说明受测者有较高的交谈能力和技巧，善于利用恰当的说话方式来交流思想感情，因而受测者在与别人建立友情方面往往更容易获得成功。

②Ⅱ组（2）、（6）、（10）、（14）、（18）、（22）、（26）题的总得分数，显示出受测者在交际与交友方面的行为困扰程度。

得分在6分以上，说明受测者在社交活动与交友方面存在严重的行为困扰。例如，在正常集体活动与社交场合，比大多数同伴更为拘谨；在有陌生人或教师在场时，往往感到更加紧张；往往因过多考虑自己的形象而使自己处于越来越被动和孤立的境地。

得分为3~5分，说明受测者在社交与交友方面存在一定的困扰。受测者不喜欢一个人独处，喜欢和朋友在一起，但又不善于创造条件积极和主动地寻找知心朋友。

得分为0~2分，说明受测者对人较为真诚和热情，不存在人际交往困扰。

③Ⅲ组（3）、（7）、（11）、（15）、（19）、（23）、（27）的总得分数，显示出受测者在待人接物方面的困扰程度。

得分在6分以上，说明受测者缺乏待人接物的机智与技巧。在实际的人际交往中，受测者也许会有意无意地伤害到别人，或者过分羡慕别人以致在内心嫉妒别人。因此，受测者可能受到别人的冷漠、排斥，甚至愚弄。

得分为3~5分，说明受测者是个多侧面的人，也许是一个较圆滑的人。对待不同的人，受测者有不同的态度，而不同的人对受测者也有不同的评价。受测者讨厌某人或者被某人讨厌，但却非常喜欢一个人或者被另一个人喜欢。受测者的朋友关系某些方面是和谐的、良好的，某些方面是紧张的、恶劣的。因此，受测者的情绪很不稳定，内心极不平衡，常常处于矛盾状态中。

得分为0~2分，说明受测者较尊重别人，敢于承担责任，对环境的适应性强。受测者常常以自己的真诚、宽容、责任心强等个性特点获得众人的好感与赞同。

④Ⅳ组（4）、（8）、（12）、（16）、（20）、（24）、（28）的总得分数，显示出受测者同异性朋友交往的困扰程度。

得分在5分以上，说明受测者在与异性交往的过程中存在较为严重的困扰。也许受测者对异性存有过分的思慕，或者对异性持有偏见。这两种态度都有片面之处，也许是不知如何把握好与异性交往的分寸而陷入困扰。

得分为3~4分，说明受测者与异性交往的行为困扰程度一般。有时受测者可能觉得与异性交往是一件愉快的事，有时又可能觉得这种交往似乎是一种负担，不知道如何与异性交往最适宜。

得分为0~2分，说明受测者知道如何正确处理与异性之间的关系。受测者能大方自然地与他们交往，并且在与异性朋友交往中会得到许多从同性朋友那里得不到的东西。受测者可能是一个比较受欢迎的人，无论是同性朋友还是异性朋友，多数人都比较喜欢和赞赏受测者。

（资料来源：https://wenku.baidu.com/view/92a0c7e3482fb4daa48d4bbf.html，有改动。）

活动五　拒绝不良诱惑小报

你身边有哪些诱惑？你是如何对待的？将这些故事写下来与班级同学共同分享。之后以学习小组的形式进行合作，以"拒绝不良诱惑"为主题，撰写一份有关不良诱惑的危害、战胜不良诱惑的方法的小报，形式自由选择。

第五章

学会学习 终身受益

📠 **学习导航**

（1）了解常见的学习障碍及其对学习的影响，掌握培养学习兴趣的方法。

（2）培养自信心，掌握时间管理的方法。

（3）掌握科学的学习方法及养成良好的学习习惯。

（4）了解新时期学习内涵的新变化，树立终身学习的学习理念。

（5）了解信息素养的含义和构成要素，培养个人信息素养。

✌ **课程导入**

陶渊明指点迷津

有位书生一心想具有渊博的知识，却又不愿下苦功夫读书，于是他就去向当时著名的诗人陶渊明请教学习的捷径。说明来意后，陶渊明把这位书生领到自己耕种的稻田边，指着稻子说："你仔细看看稻子是不是在长高？"书生看了半天，眼睛都瞅酸了也没有看出稻子的变化。陶渊明说："那为什么春天的稻苗会变成现在尺把高的稻子呢？"

陶渊明又把这位书生领到河边的一块磨刀石旁问："磨刀石为什么中间出现像马鞍形状的凹面呢？"书生说："磨下去的。"陶渊明接着又问："它可是哪一天磨成的吗？"书生不语。

陶渊明说："你是否从这两件事情上明白了学习的道理呢？勤学如春起之苗，不见其增，日有所长；辍学如磨刀石，不见其损，日有所亏啊！"书生听了陶渊明的这一席话，茅塞顿开，羞愧地说："多谢先生指教，你使我懂得了学习是没有捷径的，只有勤奋好学才能成功啊！"

学习是没有捷径可走的。这正如我国伟大的文学家、思想家、革命家鲁迅先生所说："伟大的成绩和辛勤的劳动是成正比的，有一分劳动就有一分收获，日积月累，从少到多，奇迹就可以创造出来。"

（资料来源：http://www.doc88.com/p-4743974803666.html，有改动。）

第一节 端正学习态度 培养学习兴趣

态度决定一切，学习也不例外。只有端正了学习态度，中职学生才能克服学习上的困难，克制自己的惰性，督促自己不断前进。兴趣也是学习的动力，可以使学生在学习过程中提高效率，事半功倍。

一、克服学习障碍

学习障碍是一种心理障碍，亦是一种勤奋进取的腐蚀剂和阻力。它使学生背上沉重的心理包袱，意志消沉，情绪压抑，烦恼忧郁，缺乏积极的人生态度。学习障碍还造成学生强烈的逆反心理，加深他们与家长、老师间的心理代沟。人际关系紧张，反过来加重心理障碍。心理矛盾、情绪压抑、精神负担重必然产生多种躯体症状，如失眠、呆滞、心神不定、注意力涣散、记忆力下降、精神萎靡、忧郁悲观、看不到自己的前途等，从而可能引起逃学、消极自闭甚至自杀或走向犯罪；心理疾病的发病率也会大大增高，如神经症、考试综合征、学校恐怖综合征等。

（一）常见的学习障碍

常见的学习障碍主要有学习疲劳、缺乏学习动力、学习焦虑等。

1.学习疲劳

一般来讲，学习疲劳是指由于长时间的持续学习，在生理和心理等方面产生了倦怠，致使学习效率下降，甚至导致不能继续学习的状况。疲劳是学习中最常见的问题。这一概念反映了学生学习过程中身心发展变化的规律性。学习疲劳可分为生理（身体）疲劳和心理（大脑）疲劳。长时间从事体力劳动后的疲劳主要是生理疲劳，这种疲劳只要安静休息即可消除。长时间从事脑力劳动后产生的疲劳主要是心理疲劳，这种疲劳消耗的不是人的体力，而是人的心理能量。学习疲劳与学习者对学习的主观认识及实际的脑力、体力投入都有关，在生理上表现为腰酸背痛、头昏脑涨、眼睛干涩，也表现为大脑迟钝、麻木、疼痛；在心理上表现为注意力分散、思维滞缓、情绪沮丧或烦躁、厌学。学习疲劳从持续时间上可分为暂时性学习疲劳和慢性学习疲劳两种。暂时性学习疲劳通过休息、睡眠就可以消除。慢性学习疲劳的消除需要花较大气力，如果不及时采取措施，发展下去对学习十分不利。

2. 缺乏学习动力

学习动力是以学习动机为核心，由学习兴趣、学习态度等共同构成的一个动力系统，对学习起着始动、定向、引导、维持、调节、强化的作用。它的产生要素有很多，包括态度、情感、意志、性格、从众等非智力因素。现代心理学表明，随着人的年龄增长，学习成效与智力因素的相关性逐渐减弱，与非智力因素的相关性逐渐增强，这说明非智力因素在学习动力的形成过程中起着重要作用。一个人有了长久的、较强的学习动力，才能产生强烈的求知欲，才能取得良好的学习效果，但现实中许多学生恰恰缺乏学习动力。学习动力缺乏的表现形式多种多样，主要有以下几种：

（1）没有明确的学习目标和学习计划。这类学生在学习上既不做长远规划，也不做近期安排，对自己的专业设置、课程内容及培养目标一无所知。只是当一天和尚撞一天钟，应付家长和教师。

（2）厌倦学习、逃避学习。这类学生没有学习兴趣，没有求知欲望，更没有学习热情；上课不听讲，课后不完成作业；平时千方百计逃课，考试想方设法作弊。

（3）学习依赖性强。这类学生在自习过程中无所事事，课堂上靠老师的讲解，做作业照例题套。学习上的依赖心理不仅使学生失去了学习自主性，还会养成学习上的懒惰习惯，严重妨碍学生的个性和心智发展。

（4）学习方法不得当。这类学生不是不学、厌学，而是不知该怎样学，不能找到一种科学合理又适合自己的学习方法。长期事倍功半导致其对学习失去信心，进而放弃学习，放任自流。

🌙 知识卡片 🌙

学习障碍的种类

学习障碍者的大脑可能在接收和加工信息的过程中出现了问题，因此无法按照普通人的速度和方式来学习。

从技能方面来划分，常见的学习障碍包括阅读障碍、书写障碍和数学障碍。

阅读障碍会影响阅读过程的任何一个方面，包括字词识别、词汇编码、阅读速度及阅读理解等障碍。

书写障碍是指个体严重缺乏用书写形式表达思想或书写字词的能力。

数学障碍是指学习数学概念（如数量、时间、单位等）时出现困难，难以记忆数学知识，不能合理组织数字，更不能理解应用题。

学习障碍者一般智力正常，只是在某种特定的技能或者需要竞争的任务中表现较差。学习障碍虽然不能治愈，但是适当的干预有助于学习障碍者完成学业。只要遵循科学的方法，保持良好的心态，就一定能解决学习障碍。关键是不要因此而沉沦，哪怕步子再小，只要勇敢向上攀登，就总有登顶的时候。

3. 学习焦虑

学习焦虑是指对学习的过分担忧和恐惧，是青少年成长过程中遇到的心理问题。学习焦虑是有关学习的各方面压力越来越大引起的。其具体表现为食欲不振、困乏疲倦、失眠、神经衰弱，学习上注意力不集中、记忆效果不良、学习效率低下、思维迟钝、精神萎靡不振、厌学、看见书本就头痛等。

（二）引起学习障碍的原因

学习障碍虽然威胁巨大，但并不可怕，只要了解其成因，对症下药，就可解决问题。引起学习障碍的原因大致有以下八个方面：

（1）家庭教育方式不良。家长对子女采取高压或放任自流型教育，经常对子女施加心理压力。

（2）家庭破裂或异常。父母分居，父母一方或双方有严重伤残、疾病，不能为子女提供教育帮助和辅导条件。

（3）学校教育方式不良。教师与学生缺乏心理情感交流，关系紧张；盲目追求高分，人为加大学习强度。

（4）同学之间群体关系紧张，无良好学习风气和动力。

（5）社会不良风气影响，交友不良。

（6）学生本人患有某种心理疾病，如神经症、早期精神分裂症、青年适应不良综合征、多动症、恐学症、大脑疲劳综合征等，或者患有多种身体疾病。

（7）心理缺陷，心理幼稚，情绪或性格缺陷。

（8）学习动力缺乏。学生本人缺乏正确的学习动机和需求，未能调动主观能动性，不能充分发挥自己的心理优势和潜力。

（三）消除学习障碍的方法

（1）必须对学习障碍做深入细致的自我剖析，找出导致学习障碍的主、客观因素。重点寻找主观原因，必要时赴心理咨询门诊检查，这样才能"对症下药"。

（2）科学用脑，改进学习方法，提高学习的自觉性和自信心。心理科学指出，学习是经验引起的比较持久的变化，是人类在生活中获得个体行为经验的过程。学生欲达到心理发展、自我完善的目的，必须遵循科学规律和社会需要，自始至终地表现出主动、积极和有目的的学习行为，否则必然导致学习障碍。

（3）如果本人不存在学习动力障碍，客观条件亦是好的，那么就应该从心理卫生方面找原因。学习节奏太快、学习进程过快都会导致学习障碍；科学用脑问题、睡眠问题、记忆方法问题、营养问题等都可能使学生产生心理障碍。

二、培养学习兴趣

为了克服学习障碍，我们有必要培养自己的学习兴趣。现代科学研究表明，兴趣是一种行为动机，强烈的学习兴趣和求知欲是人才成长的共同点。

（一）学习兴趣的作用

（1）学习兴趣是学习的直接动力。学习兴趣会使人在心理上对学习活动产生爱好、追求和向往的倾向，是推动积极主动学习的直接动力。学习兴趣是学习积极性中很现实、很活跃的心理成分，是推动学生进行学习活动的内在动力。

（2）学习兴趣是远大理想的起点。教育的核心是做人，当今社会，学会做人至关重要。做人教育就是首先树立远大的理想和抱负。没有理想，没有抱负，就没有成才的动力，即使暂时有动力也难以持久。兴趣的发展一般要经历有趣—乐趣—志趣三个阶段，志趣是兴趣发展的高级水平。兴趣是远大理想的起点。

（3）学习兴趣是人终身发展的不竭动力。从古到今很多有所创造的人，他们的成功最初都是靠兴趣的力量来启动的。例如，美国的富兰克林痴迷地研究各种放电现象，甚至冒着生命危险，在暴风雨之夜将连接金属导线的风筝放飞到电闪雷鸣的高空，从而发现了闪电的秘密，发明了避雷针等设备。让学生对学习产生兴趣是教育学生的一个根本着眼点。

小讨论

著名物理学家杨振宁曾说：他不赞成有人说他是"刻苦"学习的，因为他在学习中从没感到"苦"，反而体会到的是无穷的"乐"。学习若能给我们带来快乐，那么我们一定会喜欢学习。学生对某一学科有兴趣，就会持续地、专心致志地钻研它，从而提高学习效果。从由学习产生新的兴趣和提高原有的兴趣来看，兴趣又是在学习活动中产生的，可以作为学习的结果。所以学习兴趣既是学习的原因，又是学习的结果。你的学习兴趣如何呢？从现在开始，你打算如何培养自己的学习兴趣呢？

（二）培养学习兴趣的方法

兴趣是学生积极主动学习的内在持久动力，也是学生学习的兴奋剂和催化剂，这是古今中外的教育家反复论证的重要结论。但是目前相当一部分中职学生由于中考失败、家长期望值过高、压力过大、公布分数、排名次、家长和教师的教育方法不当等原因，享受不到学习的快乐，对学习兴趣淡然，甚至导致个人做人的不成功。为了使学生成才，激发学生的学习兴趣是教师、家长、学生三者共同的责任。

（1）积极期望。积极期望就是从改善学习者自身的心理状态入手，对自己不喜欢的学科充满信心，相信该学科是非常有趣的，自己一定会对这门学科产生兴趣。

（2）从可以达成的小目标开始。在学习之初确定小的学习目标，即经努力可达成的目标。不断地进步，享受到成功的快乐会提高学习的信心，激励自己继续学习。

（3）通过自我成就感培养直接的学习兴趣。在学习的过程中每取得一个小的成功，如写了一篇优美的散文、解决了一道疑难习题、想到了一个实验的新颖构思、记住了一些难记的单词，就进行自我庆贺。

（4）通过兴趣转移培养新的学习兴趣。例如，你对语文基础知识的学习不感兴趣，但对写作非常感兴趣，那你就可以通过写作练习体会语文基础知识对写作的影响和作用，从而增强对语文基础知识学习的积极性。

（5）在解决实际问题的过程中确立稳定的兴趣。用学到的知识解决实际问题，一能巩固知识，二能修正知识，三能带来自我成功的喜悦情绪。这种喜悦情绪正是建立稳定持久的兴趣所必需的。

（6）不断地提出问题。当你为解答一个问题而去读书时，你的学习就带有了目的性，就有了兴趣。例如，在学习阿基米德定律时可以提出这样的问题：阿基米德定律的内容是什么？它是怎样被发现的？怎样证明它的结论是对的？它的公式是什么？使用它时应注意什么问题？我能否用其他的方法推出？为了回答这些问题，你就会强迫自己认真学习，而一旦真正地深入其中，你就会被吸引住。

三、坚定学习信心

自信是成功者必备的心理素质。自信不但能带来快乐、愉悦的内心体验，更能激发人的各种潜在能力，是积极心态的催化剂。自信心强的人不论做什么事情都会相信自己能够成功，即使遇到困难也会想办法去克服。那么，如何培养自己的自信心呢？具体应从以下四个方面着手。

（一）注意平时的主动学习和知识的积累

自信与人的知识水平和能力成正比关系，知识水平高、工作能力强的人，无论做什么事情都能保持较强的自信心，这是能够顺利完成任务的重要条件。因此，平时注重知识的积累和能力训练对于培养自己的自信心非常重要。

（二）敢于克服困难，主动和困难做斗争

人的自信心水平一般在遇到困难时就可以分出高低。自信心强的人遇到困难时能够沉着冷静地分析困难，积极寻找解决困难的办法。而缺乏自信心的人在遇到困难时往往停步不前、萎缩退后，其结果必然是在困难面前遭遇失败。

（三）经常总结经验教训，掌握事物发展的规律

人不可能不失败，但用什么心态对待失败是一个与自信心有关的问题。所以，我们应该经常总结生活、学习中的经验教训，分析客观事物发展的规律。

（四）积极参与集体活动

主动参加一些活动能提升自己的自信心水平，使自己的长处得到更好的发展。很多学生对参加集体活动不太感兴趣，主要原因是他们缺少参加集体活动的经验，而且能力也不足。但参加集体活动越少，锻炼的机会就越少，自信心就越不足。

四、学会时间管理

部分中职学生往往在不确定性面前感到非常不安，高度焦虑。对于不确定性，最好的办法就是理解它、接受它，调整对不确定性的反应方式。现实生活中的紧张、焦虑等压力感，很多时候是与时间管理密切相关的。时间管理就是有意识地运用预期、评估、计划等手段，安排自己生活中的各项事务，合理、高效地支配和利用时间。时间管理的原则是"预先计划，追求效率"。预先计划能使我们对自己的时间安排有一个整体的把握，追求效率能使我们在有限的时间里产出更多的成果。

（一）中职学生时间管理现状

时间管理行为是一个包含意识、规划和行为控制的整合过程。时间管理意识是指学生主动管理时间、安排生活的自觉性。时间管理规划是时间管理的核心内容，包括学生根据个人的生涯发展任务设置阶段性目标、确定实现目标的具体手段和方法、安排事项的优先次序和时间分配等行为。时间管理行为控制是指学生对自身行为的控制能力，如对内外干扰的控制、对习惯的控制、对坚持性的控制，以及对条理性的控制等。

部分中职学生在时间管理过程中主要存在两个方面的问题。一方面，部分中职学生在时间管理上存在显性的时间浪费，无论是学习还是生活都缺少一个目标，随波逐流。时间在漫无边际地和室友闲聊、沉迷网络游戏、睡懒觉中流逝，这种时间的浪费几乎不产生价值。另一方面，部分中职学生在时间管理上存在隐性的时间浪费。例如，有些中职学生表面上看是在专心做一件事，但实际上并非如此，如上课时看手机、自习时听音乐等，这种行为一旦形成习惯比什么都不做更加糟糕，因为改掉一个习惯远比建立一个习惯要难得多。

（二）时间管理的方法

善于利用时间的人永远有充裕的时间。时间管理既是一种能力，也是一种习惯。对于中职学生来讲，学习时间管理的方法，对于高效地完成学习生涯的任务和未来职业发展具有重要作用。

1. 利用时间四象限法确定事情的优先顺序

著名管理学家科维（Stephen R.Covey）提出了一个时间管理的理论，把工作按照重要和紧急两个不同的程度进行了划分，基本上可以分为四个象限，如图5-1所示。

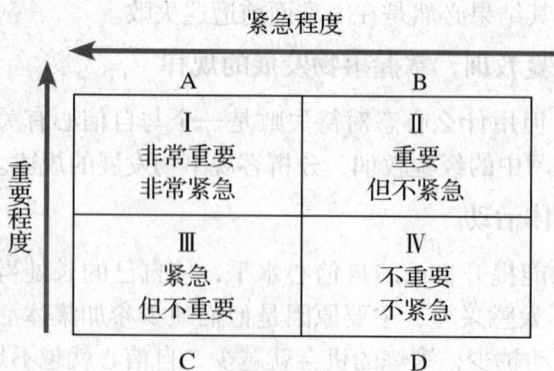

紧急程度 ←

	A	B
重要程度	I 非常重要 非常紧急	II 重要 但不紧急
	III 紧急 但不重要	IV 不重要 不紧急
	C	D

图 5-1　时间管理四象限

（1）第一象限：既紧急又重要事项。这一类事情具有时间紧迫性和影响重大性，如临考准备、人事危机、客户投诉、即将到期的任务等。

（2）第二象限：重要但不紧急事项。这一类事情重要但不具有时间上的紧迫性，如建立人际关系、新的机会、人员培训、制定防范措施等。

（3）第三象限：紧急但不重要事项，如电话铃声、不速之客、行政检查、主管部门会议等。

（4）第四象限：不紧急也不重要事项，如客套时的闲谈、玩网络游戏、无聊地看微信朋友圈等。

中职学生在日常生活和学习中，很多时候往往有机会去很好地计划和完成一件事，但因没有及时地去做，随着时间的推移而一事无成。所以，要把精力主要放在重要但不紧急的事务处理上，这需要恰当地安排时间。

2. 运用"二八法则"高效利用时间

"二八法则"又称帕累托法则，是意大利经济学家和社会学家帕累托（Vilfredo Pareto）提出的。他经过研究发现，约80%的社会财富集中在约20%的人手里，这就是"二八法则"。"二八法则"反映了一种不平衡性，最初只限定于经济学领域，后来被广泛运用于社会生活的各个领域。"二八法则"具体到时间管理领域是指大约20%的重要项目能够带来整个工作成果的80%。如果利用最高效的时间，只要20%的投入就能产生80%的效果；如果使用最低效的时间，80%的时间投入只能产生20%的效果。所以，中职学生要把一天中20%的最高效时间（有些人是早晨，也有些人是下午和晚上。除了时间之外，还要根据自己的心态和休息是否足够等综合考量）用于最困难科目的学习上。

走近生活

2019年12月，中国青年报社社会调查中心联合问卷网对2 076名受访者进行的一项调查显示，59.5%的受访者认为自己的时间管理能力较强，36.1%的受访者坦言较差，85.0%的受访者认为提高时间管理能力会让人受益良多。调查中，77.2%的受访者反映计划还没怎么执行，时间就过去了。从身份上看，上班族对此感受最明显（78.4%），其次是学生（76.9%）；从年龄上看，"00后"对此感受最明显（89.4%），然后是"90后"（81.8%）和"80后"（78.6%）。时间管理能力影响一个人的发展，时间管理能力强的人能分清事情的轻重缓急，办事效率高；在与他人交往中，个人素质更能得到认可，往往能得到更多发展机会。

问题：选择一周的时间，每天记录一下每30分钟做的事情。一周后对这个记录进行分类和统计，看看自己在哪些方面花了大部分时间，时间如何安排可以更有效率，有什么方法能够提升自己的时间利用效率。

第二节　掌握学习方法　养成良好学习习惯

中职学生正处于身心发展的重要时期，但社会的发展、观念的更新、就业形势的严峻等因素也给中职学生的心灵带来了巨大的冲击。一旦学生缺乏自主学习的意识，不能养成良好的学习习惯，就会严重阻碍基础理论和专业技能的学习。

一、提高学习效率

学习效率的高低是一个学生综合学习能力的体现。在学生时代，学习效率的高低主要对学习成绩产生影响。当一个人进入社会之后，还要在工作中不断学习新的知识和技能，这时候，一个人学习效率的高低则会影响他的工作成绩，继而影响其事业和前途。由此可见，养成好的学习习惯、拥有较高的学习效率对人一生的发展大有益处。对大部分学生而言，提高学习效率就是提高学习成绩的直接途径。提高学习效率的方式主要有以下六种。

（一）全面分析，正确认识自己

准确找出自己的优点和缺点，以便明确自己学习的特点、发展的方向，使自己在学习中充分发挥优点。

（二）结合实际，确定目标

在制订计划时，学习目标不能定得过高或过低，要依据知识的实际、能力的实际、"缺欠"的实际、时间的实际、教学进度的实际等确定目标，以通过自己的努力能达到为宜。

（三）长计划，短安排

要在时间上确定学习的远期目标、中期目标和近期目标，在内容上确定各门功课和各项学习活动的具体目标。学习目标可分为掌握知识目标、培养能力目标、掌握方法目标和达到成绩（分数）目标。长计划是指明确学习目标，确定学习的内容、专题，大致规划投入的时间；短安排是指具体的行动计划，即每周、每天的具体安排和行动落实。

（四）突出重点，不平均使用精力

所谓重点，一是指自己学习中的弱科、成绩不理想的课程或某些薄弱点，二是指知识体系中的重点内容。在制订计划时，一定要集中时间、集中精力保证对重点内容的学习。

（五）脑体结合，合理安排学习和其他活动

在安排计划时，不要长时间地从事单一活动，学习和体育活动要交替安排。例如，

在安排科目时，文科、理科的学习要错开，相近的学习内容不要集中在一起学习；对同一学科的材料，要用不同的方法学习。

（六）提高学习时间的利用率

时间是宝贵的，自觉提高时间利用效率是每个中职学生学习上进行自我修养的重要内容。早晨或晚上是一天学习的开头和结尾时间，可学习着重记忆的科目，如英语等；心情比较愉快、注意力比较集中、时间较完整时，可学习比较枯燥的内容或自己不太喜欢的科目；零星的或注意力不易集中的时间，可学习自己最感兴趣的学科或做习题。

> **小讨论**
>
> "头悬梁，锥刺股"是中国流传千年的苦学经典例子，同学们也都知道熬夜之后的精神状况是极差的，长此以往还会导致神经衰弱等疾病。请说一说，作为一名中职学生应该如何科学地进行学习。

二、掌握科学的学习方法

21世纪是经济全球化、科学技术迅猛发展的时代，知识更新的速度不断加快，未来需要会学习的人才。但凡有成就的人都是会学习的人，他们在社会发展中会凭借一定的工具学习新知识、掌握新本领。如何掌握科学的学习方法呢？

（一）制订可行的学习计划

"凡事预则立，不预则废。"为了高效地完成学习任务，中职学生应该规划好自己的学习和生活，并按照切实可行的计划逐步实施。制订切实可行的学习计划不仅有助于中职学生对学习进行统筹安排，节约时间和精力、提高学习效率，而且可以使中职学生将日常学习变成习惯，使学习更为主动。

中职学生在制订计划时，应该根据自己的实际情况做到定时定量、劳逸结合。首先，要尽可能确定每次的学习时间和学习内容，在一段较长的时间内做出合理的安排；其次，要注意安排娱乐和休息的时间，避免过度疲劳。另外，因为每个人的学习情况和生活习惯不同，生理、心理特点各异，所以不能照搬他人的经验，否则会适得其反。

（二）合理安排学习时间

（1）充分利用高效时段。心理学研究表明，人在一天中的学习效率是不同的，一般人上午的学习效率要高于下午。在高效时段内学习，可以取得较好的学习效果。因此，中职学生应当培养良好的学习和生活习惯，形成更多有规律、高效率的学习时段。

（2）选择适宜的时间长度。不同年龄、不同习惯的人注意力的持续时间不同，成年人注意力的持续时间为 60 ~ 90 分钟，青少年为 50 ~ 60 分钟。在记忆广度、遗忘数量和记忆保持量方面，每个人也都有各自的特点。因此，中职学生应该根据自己的身心特征及任务的特点来确定适宜的时间长度。

（3）科学地利用时间。客观来讲，时间对每个人来说都一样多，但由于人们利用时间的程度不同，因此每个人的收获也就不一样。中职学生应该学会科学地利用时间，使自己的时间在主观上比其他人更"长"。例如，可以将饭前饭后、等车挤车等看起来零碎、散乱的时间利用起来，以提高时间的利用率。

（三）科学地使用大脑

人的大脑可以分为左半球和右半球。左右半球在认知功能上存在着不同的分工，右半球主要负责感性直观思维，如音乐欣赏、想象力、三维立体知觉等；左半球主要负责抽象概括思维，如书面语言、推理运算、分析研究等。

因此，中职学生在从事不同的学习和认知活动时，应科学地使用大脑，注意学习内容的合理分配，从而使大脑保持最佳的状态。

（四）运用正确的复习方法

复习是巩固学习效果最佳的方法。因为遗忘进程具有先快后慢的特点，所以中职学生一定要及时复习，这样可以减少遗忘，节省学习时间，使学习取得事半功倍的效果。在复习过程中，尝试回忆往往比反复记忆效果要好，对已学材料进行分散复习比集中时间一次复习要好。此外，在复习过程中，中职学生还应做到边看、边听、边读、边做，通过多种感官的同时作用，使信息在大脑中建立起广泛的神经联系，加强学习和记忆的效果。

（五）广泛阅读书籍

中职学生要广泛涉猎各种类型的书籍，既要阅读专业书籍，又要阅读人文书籍。每个中职学生都应该充分利用课余时间阅读专业书籍，结合老师课堂所讲授的知识，通过思考和思辨达到深化和升华的效果；应利用闲暇时间广泛阅读人文类书籍，了解政治、哲学、法律、地理和历史等方面的知识。"书籍是人类进步的阶梯。"畅游于书海之中，必能陶冶情操。

（六）善用思考和想象力

思考就是进行比较深刻、周密的思维活动，然而学会思考、善于思考并不是那么容易的。思考方式因人而异，但要及时将其记录下来，以防遗忘。许多事实表明，科学技术发明都是在感兴趣和积极乐观的良好精神状态下做出的。我们很难想象一个长期压抑、苦闷、消沉或易怒的人能在科学技术方面有大的作为。想象力是人的知识、智慧、愿望、追求的延伸与拓展，能让人从不同的角度看问题、分析问题，看问题的角度不同，就能产生不同的看法及灵感。

（七）学会归纳总结

读书是"由厚到薄"的过程。书中的知识经验只有经过归纳总结后才能成为自己的。看一个人善不善于学习，要看他善不善于归纳总结。善于归纳总结的人，一本书看一遍就可以归纳出书中的知识网络。

知识卡片

学习的三层境界

（1）苦学。苦学即为"头悬梁，锥刺股""刻苦、刻苦、再刻苦"，处于这种层次的学生会觉得学习枯燥无味，对他们来说学习是一种被迫行为，体会不到学习中的乐趣。长期下去，必然会对学习产生一种恐惧感，从而滋生厌学的情绪，学习在他们那里就会成为一件苦差事。

（2）好学。"知之者不如好之者。"对于达到这种境界的学生，学习兴趣对学习能起到极大的推动作用；对学习如饥似渴，常常达到废寝忘食的地步。他们的学习不需要别人的逼迫，自觉的态度常使他们取得好的成绩，而好的成绩又使他们对学习产生更浓的兴趣，从而形成学习中的良性循环。

（3）会学。学习本身也是一门学问，有科学的方法和需要遵循的规律。按照正确的方法学习，学习效率就高，思维也会变得灵活流畅，就能很好地驾驭知识，真正成为知识的主人。

三、培养良好的学习习惯

学习成绩的好坏往往取决于是否有良好的学习习惯，特别是思考习惯。如何培养良好的学习习惯呢？具体如下：

（1）站在系统的高度把握知识。任何一门学科都有自身的知识结构系统，学习一门学科前首先应了解这一系统，从整体上把握知识，弄清每部分内容在整体系统中的位置，这样做能使所学知识更容易掌握。

（2）追根溯源，寻求事物之间的内在联系。学习最忌死记硬背，特别是学习理科知识，一定要弄清楚道理。只有对学习的内容追根溯源，学到的知识才能记得牢，运用灵活。

（3）养成联想的思维习惯。在学习中，我们不要孤立地对待知识，应经常注意新旧知识之间、学科之间、所学内容与生活实际等方面的联系，要养成多角度思考问题的习惯，有意识地去训练思维的流畅性、灵活性及独创性，长期下去，必然会促进学习成绩的提升。

第三节 提高核心素养 树立终身学习意识

近十几年来，核心素养的教育与测评日益引起全球的关注，甚至成为许多国家或地区制定教育政策、开展教育改革的基础。面对日新月异的社会与经济变革，全球许多国际组织、国家和地区都在思考如何培养未来的公民，以使其能够更好地适应未来的工作与生活。教育部 2014 年印发的《关于全面深化课程改革落实立德树人根本任务的意见》

首次提出了"核心素养体系"概念，核心素养的提出让中国的教育改革进入"3.0 时代"。

一、中国学生发展核心素养

学生发展核心素养是指学生应具备的，能够适应终身发展和社会发展需要的必备品格和关键能力。核心素养是关于学生知识、技能、情感、态度、价值观等多方面的综合表现，是每名学生获得成功、适应个人终身发展和社会发展都需要的、不可或缺的共同素养。其发展是一个持续终身的过程，可教可学，最初在家庭和学校中培养，随后在一生中不断完善。

明确核心素养，一方面可通过引领和促进教师的专业发展，改变当前存在的"知识本位"现象；另一方面可帮助学生明确未来的发展方向，激励学生朝这一目标不断努力。2016年9月13日，《中国学生发展核心素养》研究成果发布。《中国学生发展核心素养》以科学性、时代性和民族性为基本原则，以培养"全面发展的人"为核心，分为文化基础、自主发展、社会参与三个方面，综合表现为人文底蕴、科学精神、学会学习、健康生活、责任担当、实践创新六大素养（图5-2），具体细化为国家认同、理性思维等十八个基本要点。《中国学生发展核心素养》明确了学生应具备的适应终身发展和社会发展需要的必备品格和关键能力，突出强调个人修养、社会关爱、家国情怀，更加注重自主发展、合作参与、创新实践。

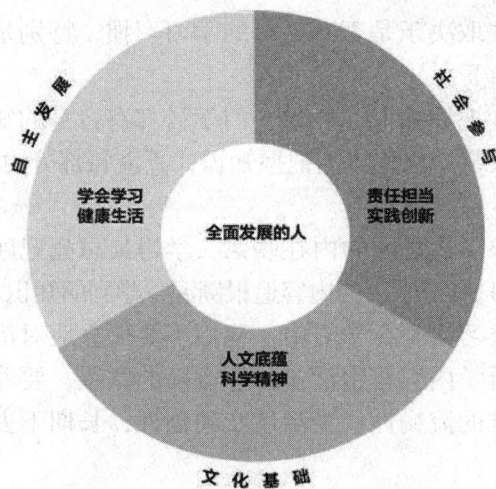

图 5-2　中国学生发展核心素养

（一）文化基础

文化基础主要包括人文底蕴和科学精神，重在强调能习得人文、科学等各领域的知识和技能，掌握和运用人类优秀智慧成果，涵养内在精神，追求真、善、美的统一，发展成为有宽厚文化基础、有更高精神追求的人。其中，人文底蕴是指学生在学习、理解、运用人文领域知识和技能等方面所形成的基本能力、情感态度和价值取向，具体包括人文积淀、人文情怀和审美情趣等基本要点。科学精神是指学生在学习、理解、运用科学知识和技能等方面所形成的价值标准、思维方式和行为表现，具体包括理性思维、批判质疑、勇于探究等基本要点。

（二）自主发展

自主发展主要包括学会学习和健康生活，重在强调能有效管理自己的学习和生活，认识和发现自我价值，发掘自身潜力，有效应对复杂多变的环境，成就出彩人生，发展成为有明确人生方向、有生活品质的人。其中，学会学习是指学生在学习意识形成、学习方式方法选择、学习进程评估调控等方面的综合表现，具体包括乐学善学、勤于反思、信息意识等基本要点。健康生活是指学生在认识自我、发展身心、规划人生等方面的综合表现，具体包括珍爱生命、健全人格、自我管理等基本要点。

（三）社会参与

社会参与主要包括责任担当和实践创新，重在强调能处理好自我与社会的关系，遵守和履行道德准则与行为规范，增强社会责任感，提升创新精神和实践能力，促进个人价值实现，推动社会发展进步，成为有理想信念、敢于担当的公民。其中，责任担当是指学生在处理与社会、国家、国际等关系方面所形成的情感态度、价值取向和行为方式，具体包括社会责任、国家认同、国际理解等基本要点。实践创新是指学生在日常活动、问题解决、适应挑战等方面所形成的实践能力、创新意识和行为表现，具体包括劳动意识、问题解决、技术应用等基本要点。

知识卡片

《面向未来：21世纪核心素养教育的全球经验》报告

2016年6月3日，《面向未来：21世纪核心素养教育的全球经验》研究报告发布。报告围绕以下四个核心问题展开：

（1）是哪些因素促使各国际组织、国家或地区纷纷提出21世纪核心素养？

（2）国际上已有的21世纪核心素养框架的结构和要素具有怎样的特点？未来公民所必需的21世纪核心素养应该包括哪些方面？

（3）21世纪核心素养的教育如何从理论转化为实践？在课程、教与学、评价等方面有哪些可供参考的实践案例？

（4）为了促进21世纪核心素养教育的落实，需要政府及社会各界建立怎样的支持体系？

报告对未来公民所应具备的核心素养进行了基本判断和整体把握。未来公民所必需的21世纪核心素养包括领域素养和通用素养两个维度。领域素养包括基础领域素养（语言素养、数学素养、科技素养、人文与社会素养、艺术素养、运动与健康素养）和新兴领域素养（信息素养、环境素养、财商素养）。通用素养包括高阶认知素养（批判性思维、创造性与问题解决、学会学习与终身学习）、个人成长素养（自我认识与自我调控、人生规划与幸福生活）、社会性发展素养（沟通与合作、领导力、跨文化与国际理解、公民责任与社会参与）。

二、信息素养及其培养

21世纪是高科技时代、航天时代、基因生物工程时代、纳米时代、经济全球化时代……随着时代的发展与社会的进步，互联网技术越来越普及，信息化、网络化迅猛发展，信息素养成为 21 世纪个人重要的能力素质之一。信息素养为个人终身学习、生存发展，为建设学习型社会、培养创新人才提供了重要的基础。

（一）信息素养的含义

信息素养是一个不断发展的概念，信息素养的含义随着信息技术的飞速发展也在不断丰富和扩展。信息素养是一个信息社会评价个人能力的新概念，是社会、文化、技术、科学发展的综合产物，可以从技术和人文两个方面进行理解，包括信息和信息技术的基本知识及基本技能，运用信息技术进行学习、合作、交流和解决问题的能力，以及信息的意识和社会伦理道德问题。信息素养具体包括以下五方面的内容：

小讨论

据统计，全世界每年出版图书 80 万种、期刊 40 万种，产生其他文献信息资料 400 万种，发表科学论文大约 500 万篇；每 35 秒就有 1 篇论文发表，不到 1 分钟就有 1 本新书问世，每天约有 40 亿个信息量向世界发送。面对这样一个信息爆炸的环境，中职学生怎样才能敏锐地感知、获取、利用自己所需的信息？

（1）热爱生活，有获取新信息的意愿，能够主动地从生活实践中不断地查找、探究新信息。

（2）具有基本的科学和文化常识，能够较为自如地对获得的信息进行辨别和分析，正确地加以评估。

（3）能够灵活地支配信息，较好地掌握选择信息、拒绝信息的技能。

（4）能够有效地利用信息表达个人的思想和观念，并乐意与他人分享不同的见解或资讯。

（5）无论面对何种情境，都能够充满自信地运用各类信息解决问题，有较强的创新意识和进取精神。

（二）信息素养的构成要素

信息素养主要由四部分要素构成，即信息意识、信息知识、信息能力和信息道德，如图 5-3 所示。

图 5-3　信息素养的构成要素

1. 信息意识

信息意识是指人们对新信息的敏锐度、保持追求新知识的热情，对信息在科学研究、实践、活动中的性质、价值及功能的认识。信息意识的强弱决定了人们获取、判断、利用信息的自觉程度。具备信息意识的人能认识到信息社会发展的必然趋势，顺应、接受信息与技术的渗透和应用，并端正自己对待新技术的观念和态度；会对信息产生积极的内在需求，主动关注、获取、运用、传播这些信息；具有敏锐的洞察力，能够有效地发现有价值的信息，找到信息问题的关键。

2. 信息知识

信息知识是指一切与信息有关的理论、知识和方法。国内学者徐晓东将信息知识分为传统文化素养、信息的基本知识、现代信息技术知识和外语四部分。其中，传统文化素养是指读、写、算的能力。在信息时代，中职学生必须具备快速阅读的能力，这样才能有效地在各种各样、成千上万的信息中获取有价值的信息。

3. 信息能力

信息能力是指人们获取、处理信息的能力，包括检索信息、组织信息、利用信息的能力。信息能力的大小很大程度上决定着个人社会活动的能力及工作能力。较高的信息能力有助于个人在纷繁无序的信息中筛选、鉴别出自己所需要的信息并加以充分利用。除此之外，信息能力还同批判性思维、问题解决能力等联结在一起，属于一种高级认知技能。具体来讲，信息能力的构成因子主要包括收集信息的能力、判断信息的能力、表现信息的能力、处理信息的能力、创造信息的能力、发布与传递信息的能力。这六个因子相互具有一定的独立性，其中的任何一个都不能被另一个所代替。信息能力是这六个因子的综合，任何现实问题都是依靠这六个方面的综合应用来解决的。

4. 信息道德

信息道德是指在信息的采集、加工、储存、传播、使用等信息活动各个环节中的道德规范，如尊重知识产权、不侵犯他人合法权益、不传递不良信息等。高尚的信息道德是正确信息行为的保证，信息道德关系到整个社会信息素养的发展方向。信息道德能够启示人们正确认识自己在信息活动中对他人、对社会应负的责任，从而正确地选择自己的信息行为；能够规范个人和团体的信息行为，从而使人们在信息活动中的关系变得和谐与友好；能够提高人们在信息活动中的道德水平，使人们懂得信息活动中什么是应该崇尚的、什么是应该摒弃的，从而树立正确的信息价值观念。

小故事

道听途说

春秋战国时期，齐国有一个人叫毛空，他爱听那些没有根据的传说，然后转述给别人。一天，毛空告诉艾子："一只鸭子一次生了100个蛋。"艾子不相信。毛空又说："是两只鸭子生的。"艾子还是不相信。毛空又说是三只鸭子生的，艾子仍不相信……这样，最后一直增加到十只鸭子，艾子就是不信。过了一会儿，毛空又告诉艾子："上个月天上掉下一块 30 丈（1 丈 ≈ 3.33 米）长、20 丈宽的肉。"艾子不信，毛空又缩短到 20 丈长、10 丈宽，艾子依然不信。艾子问毛空："你刚才说的鸭子是谁家的？肉掉到了什么地方？"毛空说："我说的话都是在路上听别人讲的。"于是，艾子对他的学生们讲道："你们可不要像毛空那样道听途说啊！"

（三）培养学生的信息素养

任何人都不可能在短时间内就具备信息素养，培养信息素养就如同培养阅读、写作能力一样，需要不断地从检索中获取经验，在寻找、选择、评价信息和思想的过程中逐渐提升。提升中职学生的信息素养已经成为渗透素质教育的核心要素。

信息技术教育是培养信息素养的主要途径之一。信息技术教育主要包括信息技术教育课程、信息技术与其他课程的整合。在开设信息技术教育课程的同时，要积极努力地探索信息技术与其他课程整合的思路与方法，在课堂上应用现代信息技术，把信息技术教育真正融入其他课程中，通过学校教育渠道培养学生的信息素养。

学习信息技术课程必须基于自主学习和协作学习的环境。学生自主探究、主动学习，真正成为学习的主体；教师是课程的设计者和学生学习的指导者。教师可以利用网络和多媒体技术构建信息丰富的，反思性的，有利于学生自主学习、协作学习和研究性学习的学习环境与工具，允许学生进行自由探索，促进他们的批判性、创造性思维的养成和发展。

三、树立终身学习的意识

21 世纪是"知识爆炸"的时代，知识老化加速，职业更替频繁，社会变化急剧，任何人都不可能一劳永逸地拥有足够的知识，都需要终身学习。学习是人类生存和发展的重要手段，终身学习是自身发展和适应职业的必由之路。"活到老，学到老"是 21 世纪应有的终身学习观。在终身学习的时代，每个人都必须掌握以信息素养为核心的学习能力，一个学习型社会不仅仅是一个"人人皆学、处处可学、时时能学"的社会，更是一个"人人善学"的社会。

（一）新时期的学习内涵

1994 年，首届世界终身学习会议在意大利罗马隆重举行，终身学习在世界范围内形成共识。终身学习是指社会每个成员为适应社会发展和实现个体发展的需要，贯穿其一生的、持续的学习过程。它有以下几个特点。

1. 终身性

终身学习突破了正规学校的框架，把学习看作个人一生中连续不断的过程，是人们在一生中所受到的各种培养的总和，实现了从学前期到老年期的整个教育过程的统一。它包括教育体系的各个阶段和各种形式的学习。

2. 全民性

终身学习的全民性是指接受终身教育的人包括所有的人，无论男女老幼。生存发展是时代的主流，要生存就必须会学习，这是现代社会给每个人提出的新课题。

3. 广泛性

终身教育既包括家庭教育、学校教育，也包括社会教育。可以这么说，它包括人生的各个阶段，是一切时间、一切地点、一切场合和一切方面的教育。终身教育扩大了学习天地，为整个教育事业注入了新的活力。

4. 灵活性

终身教育具有灵活性，表现在任何需要学习的人可以随时随地接受任何形式的教育。学习的时间、地点、内容、方式均由个人决定，人们可以根据自己的特点和需要选择最适合自己的学习方式。

（二）树立终身学习意识

学习能力就是要求个人不仅要学习广博的知识，还要学会学习的方法，树立终身学习的理念，与时俱进。终身学习是每个人为适应社会发展和实现个体发展的需要，贯穿人的一生的、持续的学习过程。一个人的学习能力往往决定了一个人竞争力的高低，也正因为如此，无论对于个人还是对于组织，未来唯一持久的优势就是有能力比你的竞争对手学习得更多、更快。终身学习能使我们克服工作中的困难，解决工作中的新问题；能满足我们生存和发展的需要；能使我们得到更大的发展空间，更好地实现自身价值；能充实我们的精神生活，不断提高生活品质。

学习是人类认识自然和社会、不断完善和发展自我的必由之路。无论一个人、一个团体，还是一个民族、一个社会，只有不断学习才能获得新知、增长才能、跟上时代。从幼年、少年、青年、中年直至老年，学习将伴随人的整个生活历程并影响人一生的发展，这是不断发展变化的客观世界对人们提出的要求。中职学生应自觉地把学习作为一种责任、一种精神境界、一种人生追求、一种生活乐趣来认识和对待，切实做到善于学习、乐于学习、勤奋学习、终身学习，不断增强学习的自觉性。

》》》 情境感悟 《《《

在一次小组讨论中，围绕"树立终身学习意识"的话题，班主任让学生列举一些名人终身学习、刻苦好学的例子。

学生甲说："师旷是我国古代著名的音乐家。一天，师旷正为晋平公演奏，忽然听到晋平公叹气说：'有很多东西我还不知道，可我现在已70岁，再想学也太迟了吧！'师旷笑着答道：'那您就赶紧点蜡烛啊！'晋平公有些不高兴：'你这话是什么意思？求知与点蜡烛有什么关系？答非所问，你不是故意在戏弄我吧？'师旷解释道：'我怎敢戏弄大王您啊！只是我听人说，年少时学习，就像在朝阳下走；壮年时学习，犹如在正午的阳光下行走；老年时学习，那便是在夜间点起蜡烛小心前行。烛光虽然微弱，比不上阳光，但总比摸黑强吧。'晋平公听了，点头称是。"

学生乙说："诗人泰戈尔（Tagore）说：'命运的主宰者是自己，而自己的主宰者

是意识。对我们有价值的，并不是在学校念过书的事实，而是求学的态度。学，可以立志；学，可以成才；学，永远不能停止。因为只有学习才使你的人生更深刻，只有学习才使你对这个世界看得更完整。'"

学习是永无止境的。例如，巴金、老舍、余光中等作家在年事已高时仍每天按时学习，充实自己。上述两名学生所举的例子带给你哪些启示？你心目中的学习型社会是什么样的？

_____

_____

_____

_____。

活动平台

活动一　注意力训练

1.活动过程

每组有3位及以上的学生，每一组围成一个圆圈，每位学生都面向圆心站好，然后每位学生都把左手张开伸向左侧的学生，并把右手的食指竖直放到右侧学生的手掌心上。准备好后，由教师发出指令"原地踏步走，1、2、1"，每个学生都开始踏步，并按教师口令"1、2、1"调整步伐，当听到口令"1、2、3"时，立即用左手抓左侧学生的食指，同时把右手远离右侧学生的左手，以抓住次数多的学生为胜。

2.活动规则

不能抢口令，而且左手手掌要张开，否则抓住食指视为无效。

活动二　交流学习心得

1.活动过程

（1）将所有学生分为若干小组。

（2）每个小组的成员将自己在学习中遇到的困难写在纸上，小组一起交流、讨论并帮助组内每个成员想办法解决这些难题；解决不了的，全班学生一起帮忙出主意。

（3）将自己认为好一些的学习方法写在纸上，小组内相互传阅、交流，选择最好的方法在全班交流。

2.活动结果

写下自己的学习目标，并为之制订一年、一个月、一周、一日的学习计划并实施，同时互相监督。

活动三　趣味小游戏

1.活动目的

帮助学生树立活到老、学到老的信心，认识知识与实践相结合的重要性。

2.活动过程

（1）教师提问。大家对自己的学习状况满意吗？如果不满意，请学生说出理由。

（2）学生情景演出。分别由几名学生表演各种"纸上谈兵"的情形，加深学生对知识与实践相结合的重要性的理解。

（3）做下面的小测试，提高大家的学习兴趣。

四人过一座桥。桥很窄并且承重有限，一次最多只能通过两个人。这四个人只有一个手电筒，而没有手电筒是无法过桥的。甲年轻力壮，行动迅速，过桥需要1分钟；乙需要2分钟；丙需要5分钟；丁由于年老体衰、行动迟缓，需要10分钟。过桥必须借助手电筒，两个人一起过桥，过桥时间以较慢的人为准。现在请你想一想四个人如何才能在17分钟之内通过。

（4）教师总结。

3.思考与交流

观察一下周围的同学是否在不间断地学习，然后将自己的学习经验和同学们进行交流，取长补短，增强自己对学习的信心，同时想一想我们应怎样做到终身学习。

第 六 章

规划生涯　放飞理想

学习导航

（1）了解中职学生的就业优势，掌握应对职业发展中心理冲突的方法，增强职业适应性，提升职业生涯规划的执行力。

（2）了解职业生涯发展的评价要素，明确职业生涯规划评估标准，学会评价职业生涯规划。

（3）了解调整职业生涯规划的必要性，把握职业生涯规划调整的时机，持续完善职业生涯规划。

课程导入

新职业来了，你准备好了吗

人工智能工程技术人员、大数据工程技术人员、电子竞技员……人力资源和社会保障部拟发布15个新职业，引发社会广泛关注。从传统的"工、农、兵、学、商"，到如今新职业、自由职业不断涌现，背后是中国经济新科技、新业态日新月异的发展。

新职业大多来自目前比较热门和新兴的行业。既有现在流行的人工智能、大数据工程技术人员；也有人们不常听说的农业经理人、数字化管理师；还有与生活息息相关的职业，如城市轨道交通相关技术人员等。这些新职业将成为未来行业的一个趋势，促进相关产业、培训行业的发展，相关专业获得更多关注。其中，人工智能工程技术人员、电子竞技员等是人们讨论的热门职业。其兴起与近年来人工智能行业的爆发和相应的"人才荒"有很大关系。清华大学中国科技政策研究中心发布的《2018中国人工智能发展报告》显示，截至2018年6月，中国人工智能企业数量已达1 011家。《全球人工智能领域人才报告》显示，截至2017年第一季度，全球人工智能技术领域专业人才数量超过190万，远不能满足市场需求。据估计，中国人工智能学科人才需求的缺口每年接近百万。

无人机驾驶员代替了很多传统行业操作员，其兴起表现为技术革新助力传统产业转型。在地理测绘、物流配送、电力巡检等诸多领域，无人机驾驶员大显身手。以农药喷洒作业为例，我国拥有18亿亩（1亩≈666.7平方米）基本农田，每年为此耗费大量人力。借助无人机，不仅能节省大量人力成本、提升作业效率，还能降低农药浪费、减少对环境的污染。当然，这对相关操作者的专业素质提出了很高的要求。2018年发布的《无人驾驶航空器飞行管理暂行条例（征求意见稿）》明确规定，个人或者组织进行植保无人机作业时必须持有无人机安全操作执照。

新职业的出现，要求不断完善教育、培训等人才培养体系。例如，要给予学生与时代发展相匹配的在校教育，帮助其快速适应和掌握新知识、新技术、新学科，成为创新型、复合型人才。此外，对新职业及相关行业进行科学管理也很重要。以电竞行业为例，除了电子竞技员，还有教练、陪练、裁判员、解说，甚至有经纪人等周边运营人员，更细的职业分类要求更细化的运营管理。新职业中不少采用非全时制、灵活就业的方式，对人们就业观念转变提出了新要求。当下，很多年轻人在选择职业时更注重热爱、有趣、自由。随着这种工作方式和劳动关系的普及，各方要尽快转变传统观念，及时调整相关体制机制配套。

（资料来源 http://edu.gmw.cn/2019-02/20/content_32532043.htm，有改动。）

第一节 了解就业形势 加强职业适应

进入21世纪以来，随着经济的迅猛发展，我国对技能型人才的需求也在不断增加。职业教育为经济社会发展提供了有力的人才支撑。中职教育的规模不断扩大，水平也在不断发展，在专业上有一技之长的中职学生已经成为许多企业用工的首选。

一、中职学生的就业形势

受自身条件的制约，中职毕业生在面临诸多择业机会的同时，也在竞争日益激烈的经济社会中接受来自各个方面的挑战。

（一）中职学生就业的机遇

1.利好政策与财力的支持

职业教育是国民教育体系和人力资源开发体系的重要组成部分，不仅关乎人民通过高质量就业满足对美好生活的需要，而且是推进人力资源强国建设的重要抓手。党的十八大以来，以习近平同志为核心的党中央高度重视职业教育工作，职业教育改革发展取得重要进展。近年来，职业教育利好政策密集出台，如《关于在院校实施"学历证书＋若干职业技能等级证书"制度试点方案》《职业技能提升行动方案（2019—2021年）》等，中国职业教育将会迎来大发展，中职学生就业也迎来新的机遇。

2019年初，《国家职业教育改革实施方案》印发，明确了深化职业教育改革的重大制度设计和政策举措。《国家职业教育改革实施方案》首次以国务院文件形式，把职业教育摆在教育改革创新和经济社会发展中更加突出的位置；明确举办本科层次职业教育，而不再强调高职教育的大专层次属性，使得职业教育与普通教育成为具有同等重要地位、真正并列的两种不同教育类型，这在我国职业教育发展史上具有划时代的里程碑意义。

2019年6月26日，国务院常务会议召开。为了提升人力资源素质，培养更多技能人才，此次会议决定，从2019年起对高职院校国家奖学金名额由5 000人增至1.5万人，国家励志奖学金覆盖面提高至3.3%，国家助学金覆盖范围扩大至23.7%，平均补助标准从每生每年3 000元提高至3 300元，并同步提高本科院校学生补助标准。同时，设立中职教育国家奖学金，按每生每年6 000元标准，每年奖励2万人。上述政策对公办、民办等各类职业院校一视同仁。

经过多年发展，我国职业教育行业已取得长足进步，行业发展规模全球居首。据教育部数据统计，2018年，全国有职业院校1.17万所，年招生928.24万人，在校生2 685.54万人。其中，中职学校1.03万所，年招生559.41万人，在校生1 551.84万人。中职毕业生就业率连续10年保持在95%以上，高职毕业生就业率超过90%。在现代制造业、新兴产业中，新增从业人员70%以上来自职业院校。职业院校毕业生成为支撑中小企业急剧发展、区域产业迈向中高端的产业生力军。从国家层面对品学兼优的中职学生进行奖励，对于推动中等职业教育发展的意义重大而深远。未来中国经济转型发展越来越需要高技能人才，职业教育的重要性将更加突出。

2.国家产业结构的进一步调整

国家产业结构的进一步调整为中职学生造就了良好的就业形势。中华人民共和国成立以来，产业结构经历了三个发展阶段：第一阶段是从20世纪50年代初到70年代末，改变了半殖民地经济的特点，初步奠定了工业化的基础；第二阶段是从1979年到20世纪90年代初，实行了改革开放的方针，进入了工业化的中期阶段；第三阶段是从20世纪90年代初提出建立社会主义市场经济体制后至2020年左右，将在实现工业化的同时，完成初步信息化。

2019年8月27日，国家发展和改革委员会第二次委务会议审议通过《产业结构调整指导目录（2019年本）》，自2020年1月1日起施行。随着新一轮科技革命和产业变革持续深化，产业发展面临的内外部环境发生了深刻变化，《产业结构调整指导目录（2019年本）》以习近平新时代中国特色社会主义思想为指导，全面贯彻党的十九大和十九届二中、三中全会精神，坚持稳中求进工作总基调，坚持新发展理念，坚持推动高质量发展，坚持以供给侧结构性改革为主线，优化存量资源配置，扩大优质增量供给，促进我国产业迈向全球价值链中高端。重点是推动制造业高质量发展，加快传统产业改造提升，大力培育发展新兴产业；促进形成强大国内市场，积极培

小讨论

家庭组成、经济条件、社会关系、家庭成员的职业及健康等都和职业生涯发展息息相关。如果经济条件差又想提升学历，就应该首先考虑就业，而不是选择继续深造。尤其是随着年龄的增长，父母的身体状况也在发生变化，学生毕业就要承担起家庭的责任。在这样的情况下，我们应该怎样选择自己的职业道路呢？

育消费新增长点；大力破除无效供给，适度提高限制和淘汰标准；提升科学性、规范化水平。一系列新技能正在涌现，覆盖数字、创业、绿色和创新等领域，中职学生若能随新产业学习新技能，则毕业后有望升级为操控机器的高端职业工人。

3. 实用技能型人才需求量大

实用技能型人才是指在工作实践中能够运用自己掌握的技术和能力进行实际操作的人员。实用技能型人才为经济转型升级、企业创新发展提供了坚实支撑。中等职业教育担负着培养数以亿计高素质劳动者和技术技能型人才的重要任务，是我国经济社会发展的重要基础。中国的实用技能型人才存在紧缺、不匹配的困境。2019年国务院统计数据显示，中国实用技能型人才缺口约2 000万人。

《2020年新基建人才报告》指出，与5G、大数据、人工智能、云计算、物联网、区块链等新基建核心技术直接相关的六大行业（数字化服务、区块链、人工智能、数据服务、物联网、信息安全），相关人才需求增长最为明显。至2020年年底，新基建相关核心技术人才缺口将达420万。其中，区块链、人工智能、数据服务行业，人才流入指数最高。受新基建间接影响，传统教育、传统金融、物流运输、医疗健康领域成为新基建进程最快的四大领域。其中，医疗健康相关企业对新基建人才的需求增幅达47%，为传统企业最高。

2019年2月，广东省印发《广东省职业教育"扩容、提质、强服务"三年行动计划（2019—2021年）》（以下简称《计划》），推进职业教育"扩容"，成为备受业界和社会关注的创新点之一。按照《计划》，广东预计到2021年新增12万个以上高职学位，全省中职学校数量将从464所整合到350所左右，中职毕业生升学率达到30%，本科高校招收高职院校毕业生人数比2018年翻一番，等等。通过对中职教育的结构进行布局优化，构建一座中职、高职衔接的立交桥。

（二）中职学生就业的挑战

1. 岗位竞争激烈

各大企业对技术技能型人才是急需的，同时也对就业者的综合素质要求越来越高。

由于中职毕业生的技能较单一、动手能力稍差，所以就业形势较严峻，加之高等职业教育扩招政策的冲击，高职毕业生就业也出现了危机，中职院校毕业生和高职院校毕业生同台竞技，使得学历层次较低的中职毕业生就业更是在夹缝中生存，岗位竞争异常激烈。

2. 就业质量不佳

就业质量是一个综合性的概念，并不是一两个指标就能反映出来的。从劳动者的角度看，就业质量是指劳动者能够自由、平等、有尊严地就业，能够享受体面的薪酬和良好的福利，工作具有稳定性且工作环境具有安全性。从区域社会的角度来看，就业质量是指从地区劳动年龄人口的就业充分性、劳动者就业的体面性、地区人力资本规模与结构对劳动力市场需求的满足程度、地方政府劳动就业管理与服务对就业的促进作用等角度对一个地区的劳动就业状况所做的评价。中职学生就业质量不佳主要表现为因实训设备、双师型教师缺乏，学生专业技能不强，就业层次低；因职业规划教育缺位，学生就业稳定率低；因专业开设与市场需求不匹配，学生对口就业率低。

3. 自身综合素质的欠缺

随着新技术的发展、社会的进步，企业对求职者的综合素质要求越来越高。综合素质不仅包括学生的专业知识，还包括学生的承受力、接受力、职业道德及创新能力等。只有具备了较完善的综合素质，中职学生在就业后才能在工作岗位中脱颖而出，并具有广阔的上升空间。目前，部分中职学生学习基础较差，学习能力有待加强，也缺乏爱岗敬业的精神，不能踏实工作。还有一些学生在就业过程中不能正确评价自己的优势与不足，职业期望值过高，与自身能力不相匹配。这些都影响、制约着中职毕业生的就业。

（三）中职学生就业的优势

中职教育既是对学生所掌握的文化基础知识进行筛选、整合、巩固的过程，也是将其所学知识运用于技术实践的过程，更是对其进行思想品德、社会交流、独立生存和自我发展等能力方面进行塑造的过程。

中职学生的就业优势除了国家越来越重视、社会需求越来越大之外，还在于中职学生可塑性大，就业、升学、创业途径和机会增多。学生在中职学校毕业后掌握的是技术，缺的是经验，通过实践获得一些经验后就会成为社会需求的技术型人才。目前，中职教育机构为配合用工形势市场化，正积极努力实现办学模式灵活多样化，培养学生一专多能的素质，以便为学生毕业后实现多渠道就业提供帮助。很多学生会把中职学校作为一个过渡，读完后选择继续升学，寻求更高的学历。升学途径之一就是专为中职升高职设置的"3＋专业证书"高考。

走近生活

2020年1月初，武汉市第二十一届职业技能大赛总结大会举行，来自武汉市交通学校的中职学生周诗阳、桂玉郎、孟成被授予"武汉市技术能手"称号。尚未成年的他们，在焊接比赛中与70多名优秀的在职工匠同台竞技，最终全部进入前十名。

为了备战各级技能竞赛，他们苦练了两年半，三人用掉的焊条共有数十万根，加上焊丝等耗材，用了近10吨焊材。他们的技术水平位于高级技工和技师之间，能胜任石油管道、核电系统、特大桥梁的焊接工作。几家大型国企看中了他们，还开出了不错的薪水条件。任何一个人只要想读书、爱读书，愿意进一步深造，机会是不会和他们擦肩而过的。

问题：作为一名中职学生，你打算如何从实际出发选择自己的人生道路呢？

二、职业发展中的冲突调适

（一）角色冲突的调适

"角色"本来是戏剧中的专有名词，本意是指演戏的人在化妆后所扮演的戏剧中的人物。美国社会学家米德（Mead）首先将该词运用到心理学中，认为社会也是个大舞台，社会中的人就是他所扮演的各种角色的总和。一般认为，社会角色是由一定的社会地位决定的、符合一定社会期望的行为模式。人处在不同的社会地位，从事不同的社会职业，有相应的个人行为模式，要扮演不同的社会角色。

一个人受客观原因或主观原因影响，扮演的一种角色转换为另一种角色的过程就是社会角色转换。人会经常变换自己的角色，如从家里到单位就要从家庭成员角色变换为职业角色，从事职业（或中心任务）的变化、职务的升迁、家庭成员的增减等都会产生新旧角色的转换。新旧角色转换的过程必然伴随着新旧角色的冲突。

1. 学生角色与职业角色的冲突内容

（1）不同的社会责任。学生的中心任务是努力学习以专业知识为主的多方面的知识，培养以专业能力为主的各种能力。对于学生来说，在学校学习实质上就是一个接受教育、储备知识技能、锻炼自我能力的过程，是全面提高自身素质，努力使自己成长为社会所需要的合格人才的关键时期。职业角色的责任是利用自己特定的社会身份，依靠在校期间所学习的知识与技能去服务他人、完成某项工作或任务。

（2）不同的社会规范。学生角色与职业角色的社会规范也有所不同。两种角色的社会规范的差异不仅表现在规范的内容方面，还表现在规范所产生的约束力方面。中职学生角色的规范主要反映在中职学生守则和中职学生行为规范之中，主要是告诉中职学生应如何做人、如何进行自我发展等。中职学生在违反规范时主要以教育、帮助为主，因为他们还是受教育者。对于职业人来说，社会规范更加严格。因为一旦参加工作，就必须承担相应的责任，包括法律责任。

（3）不同的社会权利。学生与职业人的社会权利也有所不同。学生角色的权利主要是根据法律规定接受教育，并取得父母或他人在经济生活上的保证或资助，以顺利完成学业；职业角色的权利则是依法行使自己的职权，积极开展工作，在对社会履行义务的同时，取得相应的报酬。

（4）不同的活动方式。学生角色是在接受外界的给予，即接受和输入，要求是能理解；职业角色则是运用自己的知识和能力向外界提供劳动，即运用和输出，要求能结合实际创造性地发挥自己的能力。

2.角色冲突的调适方法

在社会生活中，一个人通常会扮演多种角色，如父母、子女、主人、客人等。对于即将离开校园、走向工作岗位的中职学生来说，最关心的就是怎样才能在新的工作岗位上干出一番事业，最需要的是充分地认识自我和积极地适应社会，以尽快完成从学生到职业人的角色转换。这是一种典型的社会角色转换，在这个关键时刻，中职学生应以积极、正确的态度认识新角色，适应新角色。

（1）从兴趣导向向责任导向转变。学生做事多是凭借自己的兴趣，学什么、不学什么完全根据自己的意愿，因兴趣而学也是多数学校所主张的。但是步入职场就会发生重大改变。相比兴趣而言，职业人应该有更多的责任意识，这种责任包括对企业的责任、对家庭的责任和对社会的责任。职业人对待自己的工作应该尽心尽力地完成，而不是不喜欢就不做。职业人应该为自己的家庭承担一定的经济责任，应该为社会尽一份义务。

（2）从个人导向向团队导向转变。学生虽然生活在学校这样一个集体里，但是学习任务还是靠个人来完成的。制订学习计划、安排学习进度并最终圆满完成学业都要靠自己，应该说学校成绩的取得更多地取决于个人。但是在职场上单凭个人的能力是无法取得成功的，职业人必须与他人合作进行团体作战。因此，在由学生到职业人的转换过程中，学生应改变以往以自我为中心的模式，多参与集体活动，多与他人合作。

（3）从成长导向向业绩导向转变。在学校里，学生更关心自己的成长，衡量学生进步的标准就是成绩和各种证书。在职场上，职业人更关心经营业绩和薪酬，评判职业人工作好坏的标准就是业绩，职业人追求的是不断提高自己的业绩和薪资水平。

（4）由"想"到"做"转变。学生学习重在开发智力，学习知识往往是思维的训练，面对问题，学生可以有各种各样的想法，只要想到了就可以。但步入职场后，仅仅想到是不够的，面对问题，要思考解决的方法并将这些方法应用于实践，实实在在地解决问题，只有做了才能产生效果。

（二）理想与现实冲突的调适

毕业生在就业初期往往会感觉到自己的想法与社会现实之间存在一些矛盾。可以说，角色转换是一个长期而艰苦的过程，需要坚持不懈地努力。要正确处理理想与现实的冲突，中职学生应做到以下几点。

1.正确面对挫折，积极适应环境

对于刚刚参加工作的毕业生而言，不可能事事一帆风顺，遇到一些挫折是正常的。中职学生应正确面对挫折，把主观愿望同客观实际结合起来，积极适应工作环境，以取得事业成功。经验表明，能够正确看待挫折、积极适应环境的人往往会比其他人起步快，发展好。

2. 热爱本职工作，培养职业兴趣

客观地讲，并不是每个学生都能找到自己喜欢和满意的工作。但是，应认识到每个岗位都是社会整个运行链条的一部分。不论对自己所从事的工作是否感兴趣，个人都要从整个社会需要的角度出发，以正确的态度予以对待。热爱本职工作、安心于工作岗位是从学生角色向职业角色转换的基础。如果"身在曹营心在汉"，经过几个月甚至一年的适应还静不下心来，不仅对角色转换不利，而且会影响职业兴趣的培养和工作成绩的取得。

3. 学习知识技能，提高工作能力

对于刚刚走上工作岗位的毕业生来说，虚心学习知识、提高工作能力是角色转换的重要手段。21 世纪是一个终身学习的时代，在校期间学习的知识是有限的，而且随着时间的推移，新的知识和技能会不断出现，很多能力都需要在工作实践中去学习、锻炼和提高。面对新的环境，毕业生应该保持谦虚的态度，把领导、经验丰富的老员工当作自己的老师，积极向他们学习求教。

4. 勤于观察思考，善于发现问题

懒惰平庸的人不仅指那些手脚不够勤快的人，也包括那些不动脑筋的人，不动脑筋的习惯会给他们的事业带来不良影响；相反，成大事者都有勤于思考的习惯，他们善于发现问题、解决问题，甚至让问题成为机遇。世界著名趋势专家约翰·奈斯比特（John Naisbitt）倡言："在信息时代，我们需要的技能是如何思考、如何学习及

> **小讨论**
>
> 一位哲人曾说，有许多人认为自己所从事的工作是低人一等的。他们身在其中，却无法认识其价值，只是迫于生活的压力而劳动。他们轻视自己的工作，自然无法投入全部身心。他们在工作中敷衍、得过且过，把大部分的心思用在如何摆脱现在的工作环境上，这样的人在任何地方都不会有所成就。我们从这段话中可以学到些什么东西？

如何创造。"勤于观察思考、善于发现问题是角色转换的有力保障。中职毕业生要想尽快进入职业角色，就必须善于观察问题，善于用自身掌握的知识去努力解决问题，善于分析、研究工作及职业的规律。

5. 勇挑工作重担，乐于无私奉献

勇挑重担、乐于奉献是完成角色转换的重要标志。中职学生走上工作岗位以后应该严格要求自己，树立主人翁意识，增强社会责任感，培养无私奉献的精神，努力承担岗位责任，主动适应工作环境，促使自己更好、更快地完成角色转换。

三、提升职业生涯规划的执行力

大部分中职学生可以制定出自己的职业生涯规划，但从现实情况看，大部分职业生涯规划未能起到应有的作用，因为多数中职学生不知道如何去有效地执行自己的规划。要想让职业生涯规划顺利实施并实现最终的职业目标，执行力非常重要。执行力是指贯彻战略意图，实现预定目标的实际操作能力。只有按规划去实施，才有可能接近自己的

目标。中职学生提升职业规划执行力的途径有以下几种。

（一）提高自我管理的水平

自我管理又称自我控制，注重的是一个人的自我教导及约束的力量，即行为的制约是通过内控的力量（自己），而非传统的外控力量（教师、家长）来实现的。美国著名心理学家阿尔波特（C. W. Allport）指出："人有主动作用，能自治本身，自己管理。"苏联教育家苏霍姆林斯基（Сухомлинский）说："真正的教育是自我教育。"我国著名教育家陶行知大力提倡实行学生自治，即学生学会自我管理，成为具有自我管理能力、适应社会发展的人才。一般来讲，自我管理主要包括自我规划与调整、自我学习、自我教育、自我发展四个部分。自我规划与调整是养成良好习惯，有效开展其他活动而必备的基础。只有在这个基础上才能进一步锻炼和养成良好的自我学习能力，知道自己需要学习什么、怎么学、为什么学，继而通过自我教育将各类知识内化为自身的素质素养和行为习惯，最终实现自我发展。

自我管理水平的高低是影响中职学生职业生涯规划执行力的重要因素。一般而言，中职学生自我管理能力越强，其职业规划的执行力也越强。增强中职学生自我管理能力是提升中职学生职业规划执行力的根本途径。因此，中职学生的生涯自我管理是指中职学生不断地进行自我认识、自我教育和自我控制，充分挖掘和利用一切可以利用的资源，不断发挥自己的心理潜能，使自己的生涯规划得以顺利实施，并最终达成生涯目标的过程。

（二）利用一切机会磨炼自我意志

意志力是执行力的基础，只有具备强大的自我控制能力和意志力才会有良好的执行力。意志力是心理能动性的最高体现，是追求目标、价值的意向、志向、决心及行动的坚持力。一个人良好的意志水平不是与生俱来的，要通过后天艰苦的训练实现。中职学生可以通过提高自己做事的自觉性、锻炼自己的坚韧性、培养自己的责任心、加强内省和观察力等来磨炼意志力。例如，在坚持自我检查职业规划的落实情况时，可以从两个方面着手：首先看是否能够按事先设计好的时间进度进行，各环节是否存在问题，怎样解决问题；其次看能否按期完成计划，能否达到设计效果，有什么需要完善和改进的地方。检查可以从周计划、月计划开始。在设计下周、下月的计划时，首先回顾本周及本月的计划落实情况，回顾的过程就是自我检查的过程。回顾每周、每月的职业规划执行情况，既能看到自己取得的成绩，又能从中发现自身存在的问题和不足，从而更好地激励和鞭策自己。自我检查、自我评估、自我监督是自我管理和自我约束的有效形式，是形成自重、自励的重要途径，是职业生涯成功的必要保证。

（三）提高自己的抗挫折能力，增强必胜的信心

中职学生在遇到困难和挫折的时候，要学会调适自己的心态，树立必胜的信念。若无必胜的信心，没有成功的欲望，职业生涯规划就很难被长期地执行下去。中职学生要想提升职业规划的执行力，就要养成良好的执行及反馈习惯。良好的执行及反馈习惯是

良好执行力的重要表现，可以从日常学习和生活的小事做起。例如，每天睡前用 5 分钟左右的时间总结一天的目标完成情况，寻找存在差距的原因及解决的办法；把已确定的目标及其原因准确清晰地写在纸上并列为一种永久性记录，作为探求事情因果关系的依据。

（四）加强对职业生涯规划执行力的监督

中职学生可以从亲人、朋友中寻找可靠的人做自己强有力的监督员，通过监督员的督导强化自己的执行力。中职学生在执行职业生涯规划的过程中总有松懈的时候，总有遇到困难想要放弃的时候，这时就需要外部力量的介入来加以引导，保证职业规划的继续执行。人生活在社会中，工作和生活都离不开大大小小的集体，都有自己所处的社会环境。以中职学生来说，每个人不仅有着相同的目标、相同的利益、相同的活动及明确的任务，而且彼此之间也有着密切的联系。每个中职学生不仅要认识到班集体活动对自己和集体的影响，还要认识到对整个社会的意义。在职业学校中，学生之间是团结友爱和互相帮助的关系，正因为如此，在老师和同学们的帮助下，个人能更好地规范自身的行为，更好地执行自己的职业生涯规划。

第二节　科学评价职业生涯发展与职业生涯规划

每个人对成功的理解都不相同，职业生涯规划是用来规范自己、鞭策自己的。符合自身发展条件、真正促进发展的职业生涯规划才是有用的规划。

一、职业生涯发展的评价要素

作为一个职业人、社会人，在评价自己的职业生涯发展是否成功时，评价要素分为自我评价、家庭评价、企业评价和社会评价四类。如果一个人的职业生涯发展能在这四类要素中得到肯定，那么他的职业生涯就是成功的。

（一）自我评价

自我评价的评价主体是本人，以个人的价值观念、知识、水平、能力等为评价标准。自我评价的内容主要包括：自己的才能是否充分施展，对自己在企业发展、社会进步中所做的贡献是否满意，对自己的职称、职务、工资待遇等方面的变化是否满意，对处理职业发展与其他人生活动关系的结果是否满意，等等。

（二）家庭评价

家庭评价的评价主体是父母、配偶等家庭成员，以家庭文化为评价标准。家庭评价的内容主要包括：是否能够理解和肯定，是否能够给予支持和帮助。

（三）企业评价

企业评价的评价主体是上级、平级、下级等同事，以企业文化及其总体经营结果为评价标准。企业评价的主要内容包括：是否有下级、平级同事的赞赏，是否有上级的肯定和表彰，是否有职务的晋升或相同职务权利范围的扩大，是否有工资待遇的提高，等等。

（四）社会评价

社会评价的评价主体是社会舆论和社会组织，以社会文明程度、社会历史进程为评价标准，评价内容主要包括：是否有社会舆论的支持和好评，是否有社会组织的承认和奖励。

职业生涯的成功能让人产生自我价值实现的成就感，能促进个人素质的进一步提高，能促进个人潜能的进一步挖掘。不同的人生对职业生涯有不同的追求。中职学生在设计职业生涯规划的时候，要考虑自己职业生涯成功的价值取向，思考自己的工作目的和意义，职业生涯成功的价值取向在于把我们个人的发展和社会、国家的发展结合起来，使自己的职业生涯规划得到升华，形成正确的就业观、择业观和成才观。成功的职业生涯规划不仅使个人的职业生涯得到发展，而且要和社会发展相一致，在社会进步中实现人生价值。

二、评价自己的职业生涯规划

衡量、评价职业生涯规划的价值有助于进一步发挥职业生涯规划对自我发展的激励功能，从而使自己能够拥有一个良好的职业生涯开端，实现高质量的职业生涯发展。只有学会评价职业生涯规划，才能依靠集体的智慧完善规划，争取到落实规划的良好外部环境。

（一）职业生涯规划的类型

中职学生职业生涯规划大致可分为顺从型、冲动型、犹豫型和计划型四种。

1. 顺从型

有的中职学生自己没有主张，只是顺从家长、他人所做的决定。例如，有的父母希望孩子成为一名美容师，孩子对此没有自己的规划，就听从父母的决定。这说明这类学生遇事不愿自己做决定，而是听任别人给自己做决定。有些学生认为父母的决定一定没错，其结果往往是找不到理想的工作。

2. 冲动型

有些中职学生往往根据自己的感觉来做事，而不深思熟虑、权衡利弊地考虑问题，这是冲动型的决定方式。这种方式可能是正确的，但这是对那些各方面比较优秀、对自己有一定了解的学生来说的。对大部分学生而言，不能仅凭自己一时心血来潮来选择自己的职业，要从对自我认识、自身素质、社会需求等诸多方面综合考虑后再做决定。面对激烈的竞争，只有理智地去做事，才有可能取得成功。

3. 犹豫型

这种类型的中职学生对自己的做的决定没有底气。例如，有些中职学生临近毕业也决定不了自己要选择哪一种职业，甚至有些中职学生在求职场上还犹豫着自己是否应该参加应聘，结果发现因为自己的犹豫而错过了许多次机会。成功没有捷径可走，必须自己一步一个脚印地去做。任何的偷懒取巧都是不可取的。

4. 计划型

有些中职学生在决定自己将要做什么时，会做周密的计划和准备。这类中职学生在设计自己的职业生涯规划时，既了解社会需求、未来发展前途，又清楚自己的能力、兴趣和人生价值观。因此，他们能较容易地做出正确的职业生涯规划，然后一切按计划做好准备，坦然地去迎接挑战。

中职学生在做自己的职业生涯规划时必须按计划行事，做好充分的准备。从准备迈进职业学校的那时起，就应当制定适合自身实际情况的职业生涯规划，选择社会发展需要和自己感兴趣的专业。进入职校以后，还要重新认识自我，调整自己的职业生涯规划，并积极做好理论知识、应用技能、心理素质等多方面的准备，一步一步实施自己的职业生涯规划。

小讨论

有人说过这样一句话："路是脚踏出来的，历史是人写出来的。人的每一步行动都在书写自己的历史。"谈一谈你对这句话的理解。

（二）职业生涯设计应具备的条件

成功地设计自己的职业生涯规划，不仅需要复杂的程序，还需要科学的方法，并且要持之以恒。一般而言，成功的职业生涯设计应符合以下三个条件：

（1）需要对自己及环境有充分的了解。

（2）需要切合实际的目标，包括个人的价值取向、兴趣、能力及期望的生活状态。

（3）能不断根据情况的需要进行目标修正，以适应环境的变化。

只有符合条件的职业生涯规划才是科学的、成功的，才有助于完善自我，展示自我，提升自己在职场中的竞争能力。

（三）评价职业生涯规划的依据

中职学生在评价自己的职业生涯规划时，需要抓住职业生涯规划的关键——发展，评价应始终围绕职业生涯规划能否促进个人能力提高、能否为实现自己的职业生涯服务来进行。评价职业生涯规划的依据主要包括职业生涯规划的现实性和激励性。

（1）评价职业生涯规划的现实性。评价职业生涯规划的现实性主要是考量近期目标、长远目标是否适合自己，制定的措施能否落实，能否让自己不断品尝成功的喜悦。也就是说，职业生涯规划是可操作的，有实现的可能性。

（2）评价职业生涯规划的激励性。评价职业生涯规划的激励性主要是考量阶段目标、长远目标和发展措施能否不断激励自己奋力拼搏，能否督促自己珍惜时间、养成良好的习惯，能否不断提升实现发展目标的信心。

（四）评价职业生涯规划的方法

评价职业生涯规划的方法有两种：一是按职业生涯规划的设计过程（发展条件、发展目标、发展台阶、发展措施四个环节）的顺序，审视各个环节的现实性，重点思考长远目标的依据、可行性和激励性；二是重点检查近期目标与发展条件的匹配程度、近期目标的成功概率、实现近期目标措施的操作性，即要检查与职业生涯发展的职业准备期、职业选择期、职业适应期有关的目标、措施的现实性和激励性。

小故事

雕刻火药的"大国工匠"

徐立平是一名来自航天一线的普通工人，主要工作是对固体发动机药面进行开槽、挖药、修补等，具体来说，就是对装填有高能量推进剂的固体发动机燃料药末进行精细微修整。这个工作过程因有着极高的危险性且对精度有着极高的要求而被形象地称为"雕刻火药"。由于长年一个姿势雕刻火药，以及留有火药中毒后遗症，徐立平的身体变得向一边倾斜，头发也掉了大半。28年来，他凭借高超的技术，一次又一次完成了挑战。

不同的时代有着不同的使命和担当，不同的领域有着不同的价值和意义，不同的岗位、不同的角落每天也都上演着劳动改写命运、奋斗成就未来的精彩故事。没有什么能够比把个人梦想与祖国的利益紧紧相连让人更为激动的了，因为没有什么比祖国的强大更让人激动，没有什么比民族的崛起更让人振奋。

第三节　职业生涯规划的评估与调整

职业生涯规划的评估与调整过程是个人对自己不断认识的过程，也是对社会不断认识的过程，是使职业生涯规划更加有效的有力手段。

一、职业生涯规划的评估

（一）职业生涯规划评估机制的建立

职业生涯规划的评估包括职业选择评估、职业生涯机会评估、职业能力评估等。

1. 职业选择评估

职业选择评估的目的是实现人适其职、职得其人、人尽其才、才尽其用，在指导学生个人成长、促进个人成才和就业中占据重要的地位。职业选择评估是指依据各项指标，将个人素质（兴趣、能力、性格倾向、价值观等）与某些职业所需要的素质指标相比较，从而观察两者之间的匹配程度，筛选出选择不当的地方并及时进行修正。

2. 职业生涯机会评估

职业生涯机会评估主要是评估各种环境对自己的职业生涯发展的影响。在制定个人职业生涯规划时，要充分分析环境条件的特点、环境的发展变化情况、自己与环境的关系，以及环境对自己的有利条件与不利条件，做到在复杂的环境中趋利避害，使自己的职业生涯规划具有实际意义。职业生涯机会的评估范围很广，如组织环境因素的评估内容包括组织发展战略、人力资源需求、晋升发展机会等。

3. 职业能力评估

职业能力评估可以帮助个人了解自己的深层特点，分析所具有的潜在优势和不足，提供能帮助个体更好发挥自己潜能、弥补自己不足的建议。在了解自身深层特点的基础上，个人可以对自己在生活、学习、工作中的成长方向有更好的把握，从而改进对未来生涯规划的探索。

（二）职业生涯规划评估标准与方法

1. PDCA 循环计划法

PDCA 循环计划法是美国管理专家戴明（W. Deming）发明的，所以又被称为"戴明循环"。PDCA 循环计划法是指做任何事都必须经过四个阶段：计划（plan）阶段、实施（do）阶段、检查（check）阶段、处理（action）阶段。

（1）计划阶段。计划阶段主要是找出存在的问题，通过分析改进目标，确定达成这些目标的措施和方法。

① 摸清现状。

② 明确目的与要求。

③ 瞄准问题，找出差距，确定实现目标应关注的主要因素。实现目标的过程就是缩小自身同目标之间的差距（如明确自己的能力、知识、观念等现状与所确定的职业生涯目标之间的差距，与组织、社会思想观念的差距，当前自己的知识水平与既定职业目标要求的知识水平之间的差距，心理素质差距，等等）的过程。要有的放矢地采取措施弥补差距，以保证最终目标的实现。

④ 制定措施。根据上述问题制定对策，调整分阶段目标和计划。

（2）实施阶段。本阶段内容为执行计划和措施。在实施过程中可能会出现新的问题或情况发生变化，应及时进行改进或修正，以保证达成预期目标。

（3）检查阶段。本阶段内容为检查计划的执行效果。采用自检、互检等方法实事求是地进行结果与预定目标的对比、评估；如未完全达到目标，可以为进一步改进提供机会。

（4）处理阶段。处理阶段是整个 PDCA 循环的关键阶段，主要是根据检查结果，采取相应的措施。

① 总结经验，巩固成绩。通过总结，把成功经验和失败的教训纳入自己的信息库中，

作为今后提高工作效率所积累的经验。这也是为了更好地提高自己的能力，寻找新的目标，开始新的 PDCA 循环工作。

② 提出尚未解决的问题，找出原因。不回避问题，将问题转入下一个 PDCA 循环中，作为下一个循环计划制订的资料和依据。对于产生的新问题，只要不断总结经验，坚持改进，就能解决。

PDCA 循环理论的特点是环环相套，相互促进，周而复始，不断循环，螺旋式上升和发展。PDCA 循环的四个阶段不存在一定的交叉现象，也并非是截然分开的，而是紧密衔接的。在实际的工作中，往往需要边检查边总结、调整计划，不能机械地去理解和操作 PDCA 循环。

2. 职业三叶草模型

职业三叶草模型是一个关于职业人如何自我修炼的工具模型，可以调适自己的工作状态。职业三叶草模型是情绪管理的工具（诊断模型），由三片"叶子"组成，分别是兴趣、能力、价值。没有谁能够一开始就获得完美的职业三叶草模型，职业三叶草模型通过不断的循环上升优化个人的工作、生活模式，如兴趣可以提升成能力，能力兑现出价值，而价值反过来强化出新的兴趣，这就完成了一轮循环。如果三个方面都得到满足，则职业就会处于健康状态。

但大多时候，这三方面都处于不满足的状态。一旦职业三叶草模型中的一叶缺失，模型就很容易停转，职业中的失落、厌倦、焦虑等也由此产生。例如，缺失兴趣这一叶，会导致厌倦；缺失能力这一叶，会导致焦虑；缺失价值观这一叶，会导致失落。

职业三叶草模型提供了探索自我状态的线索和方向，个人可以通过对新鲜感、掌控感、幸福感三个维度进行打分，评估出相应的兴趣、能力、价值。得出结果后进一步思考：为什么会出现这样的状况？哪一部分能够带动整体提高？之后依据思考的结果对情绪进行调适。

在日常工作中，可以通过情绪来判断工作中遇到的障碍。当一个人对所从事的工作具备能力也能获得价值感，但是不感兴趣时，厌倦情绪就会产生；当一个人具备能力也对从事的事情感兴趣，但是得不到自己看重的价值感时，失落情绪就会产生；当一个人对从事的事情有极大的兴趣且能获得自己看重的价值感，但是缺少能力时，焦虑感就会产生。

▶ 走近生活 ▶ ◆━■━◆━■━◆━□━◆━□━◆━□━◆━□━◆━■━◆━■━◆━■━◆

2015 年 6 月，胡方雨初中毕业，中考成绩没有过普通高中的录取线。和大部分落榜考生不一样的是，胡方雨开始想方设法了解当地中职学校的信息，最终选择了泸县建筑职业中专学校的工程造价专业，而且免学费的政策也减轻了家里不少负担。胡方雨一直爱好写作，到中职学校后，她发现自己的业余时间一下多了起来，开始尝试着写散文、诗歌，并面向全国各地投稿，多次在省级刊物上发表文章。她在班内担任学习委员、课代表，而后又被聘为学校编辑部部长和校团委学生书记。经过不懈努力，在 2016 年度"最美中职生"寻访活动中，她被团中央学校部、全国学联秘书处、中国青年报社联合推选为 2016 年度全国"最美中职生"。2018 年 3 月她通过单招考试考入了成都航空职业技术学院，并在四川省妇联、省教育厅、省网信办组织开展的 2019 年度四川省最美女大学生评选活动中，获得"2019 年度四川省最美女大学生"荣誉称号。胡方雨上的是中职学校，但她的人生依然精彩。

问题：作为一名中职学生，目标规划十分重要。结合自身的实际，谈一谈你如何看待职业目标与规划对人生的影响。

二、职业生涯规划的调整

（一）调整职业生涯规划的必要性

职业生涯规划的制定不是一次完成的。人力资源专家认为，职业生涯规划是人才与职业进行配对的规划，它不但是人们对职业的选择，也是对企业的选择。在人的一生中，职业生涯规划会随着人的成长与变化而不断调整，是人们经营自己未来的一项长期的战略工作。

由于影响职业生涯规划的因素很多，再好的职业生涯规划也会有不完善之处，加之社会的发展变化对人才市场的影响很大，行业需求和职位、岗位的变数都很大，因此职业生涯规划的反馈评估与调整修订就显得很正常，也很必要。

当今社会，科技发展突飞猛进，每次科技的进步都会引起社会的变革，也会相应地出现一些新的岗位和职业，对已有职业也会提出一些新要求。每次变化都会导致一些人因不适应正在从事的职业而流动，而他们对新职业也会有一个适应的过程，如果适应不了新职业，会继续改变职业方向。面对多变的社会环境，中职学生只有积极地去适应，对职业规划进行积极的调整，才能使自己的事业不断走向成功。

（二）调整职业生涯规划的时机及要点

调整职业生涯规划最重要的就是把握时机。对于即将步入社会的学生而言，职业生涯规划调整的最佳时期有两个：一是毕业前夕，因为有了求职的实践经验，所以可以根据新的就职信息和供需实际在求职过程中进行调整；二是工作 3 年左右时，因为有了从业的实践经验，所以可以根据从业过程对自身条件的检验、周围环境和自身素质的变化予以调整。两次调整既可以是近期目标，即具体职业岗位的调整；也可以是远期目标，即职业生涯发展路线的调整。就具体的调整过程而言，要做到以下几点：

（1）要重新认识自己。在有了一定的社会实践经验后，自己各方面的能力可能会有所提高，同时也会暴露出一些以前隐藏的缺点，所以这时要重新认识、剖析自我，重新审视"我能干什么"，寻找自己新的职业兴趣和目标，选择更适合自己的方向，调整自己的职业生涯规划。

（2）要重新进行职业评估和环境分析。在从业过程中，要认真地重新评估不断变化的内外环境会给自己的职业生涯带来的机遇和挑战。先对当前经济社会发展趋势、强有力的提问可以提升中职学生的行动力。请你与同学讨论下列问题，激发内心的强烈欲望，使自己立刻行动起来。

（1）最近一年，我想要达成什么目标？

（2）我现在已经做到了什么程度？

（3）如何提升自己的行动力？

（4）如何知道自己的行动力提升了？

（5）今天我能为此做的一点点的改变是什么？

所从事的职业在目前与未来社会中的地位、社会发展对自身发展的影响、自己所在企业所处的内外环境和个人的人际关系等问题进行客观的分析，再与以前制定职业规划时的社会环境对比，得出新的有利条件和不利条件。

（3）修正职业生涯目标或制定新的职业生涯目标。在进行了前两项分析之后，就要根据对自身、对内外环境重新分析后得出的结论对职业生涯目标进行修正，使自己的兴趣、性格、专业特长、价值观念及所处的环境与新的职业生涯目标真正地相适应。

（4）要对新的职业生涯目标进行落实。在确定了新的职业发展目标后，要通过一系列发展规划来确保目标实现。职业发展过程中理想与现实的脱节几乎人人都会碰到，对职业人来说，有些是致命的，有些却能走通另一条路。发生这种情况时，最不可取的态度是急于求成，消极对待当前的工作。正确的做法是在稳定中求发展。制定职业生涯规划只是走向成功的必要手段，能否成功主要取决于个人的努力。再优秀、再完美的职业生涯规划也取代不了个人的主观努力。

（三）调整职业生涯规划的方法

影响职业生涯规划的因素有很多，有的变化因素是可以预测的，而有的变化因素难以预测。在此状况下，要使职业生涯规划行之有效，就需不断地对职业生涯规划进行评估与修正。美国成功学大师安东尼·罗宾斯（Anthony Robbins）曾经提出过一个成功的万能公式：成功＝明确目标＋详细计划＋马上行动＋检查修正＋坚持到底。从这个公式可以看出，要想成功，不仅要有明确的目标、详细的计划和行动的决心，还要在方案施行的过程中不断根据变化的形势检查修正目标和方案。检查修正目标和方案主要包括重新选择职业、修正职业生涯目标、变更实施措施与计划等。

1.重新选择职业

人的一生充满了选择，就职业选择而言，往往不是一次选择就能完成的。中职学生职业生涯目标的设定要结合自身因素、环境因素和职业因素，要基于个人兴趣、价值观和专业技能来确定将来所从事的职业。在职业生涯目标的设定过程中，受各种因素的影响，个人对职业的评估会不够恰当，这可能导致职业选择错误的情况发生。个人在从事某种职业一段时间后，可能会发现所从事的工作难以发挥自己的特长，难以培养起职业兴趣，或者感到工作非常吃力，难以胜任。这时，就要根据自身的能力和周围的环境，对职业生涯机会进行重新评估，并根据新的评估结果来选择职业，以免做更多的无用功。

重新选择职业，要慎之又慎，因为重新选择职业意味着自己原来的努力大多白白浪费了。因此，中职学生在重新选择职业时要做到以下几点：首先要客观、全面地考虑自己的处境，不可感情用事；其次要重新审视自己所从事的工作与自身的能力、兴趣、个性、价值观等是否存在不可调和的矛盾；最后要选准新的职业生活目标，做好重新选择职业的善后工作。

2. 修正职业生涯目标

职业生涯规划的实施过程就是缩短与目标差距的过程。在实施职业生涯规划行动中，有时会因为个人情况和周围环境的变化而无法达到预期的效果，这就需要根据形势变化适当调整个人目标。职业生涯目标的修正按性质分为外职业生涯目标的修正和内职业生涯目标的修正，按时间长短分为短期目标修正、中期目标修正、长期或终身目标修正。

修正职业生涯目标时，应注意以下方面：一是不宜过于频繁，应以实际需求为基础，根据外部环境和自身情况决定是否需要修正；二是具体操作时，应在前期方案实施效果评估的基础上、充分考虑影响职业发展的各种因素的情况下制定符合自身实际的修正方案；三是职业生涯目标的修正可以作为下一轮职业生涯设计的参考依据。

3. 变更实施措施与计划

任何职业生涯目标的完成都是逐步优化、完善的过程。在方案实施的过程中，当实际成效不理想或者与预定目标存在较大差距时，应重新审视自己的实施措施是否恰当、是否需要改变目标实现方式。而且后续阶段的计划需要根据前期阶段的工作成果才能做进一步安排，一时难以把后续计划做得非常具体。因此，在制订计划时，经常会在总体规划的框架下分阶段制订某阶段内的详细计划；前一个阶段结束了，再根据前阶段的结果制订下一阶段的具体计划。

在整个职业生涯规划的过程中，对每阶段计划的细化其实也是对整个规划所做的变更。通过变更这一手段，既可避免在职业规划初期信息不充分的情况下制订无谓的远期详细计划，又能在职业生涯目标实现过程中根据个人实际的进展情况及时制订出可行的详细计划。

》》》情境感悟《《《

课间，学生甲和学生乙正在讨论中职毕业生的就业前景问题。

学生甲说："国家现在大力扶持中职教育，企业也非常需要技术工人。中职毕业生常常供不应求，用人单位一般都要提前一个学期来预定，就业率在98%以上。"

学生乙说："毕业时有很多企业可供选择，我们班50多人几乎都找到了自己满意的工作。可现在3年过去了，不管是工资水平还是工作能力，我们还在原地踏步，感觉前途一片茫然，不知道今后该怎么做。"

说一说：你们学校毕业生的就业形势如何？面对当前的就业形势，作为一名中职学生，我们应该树立怎样的就业观与择业观？

_____

_____

_____

活动平台

活动一　我的行动档案

1. 实施目的

掌握制定目标和计划的方法，学会制订行动计划、建立行动档案。

2. 实施步骤

（1）制订计划，建立行动档案。挑选自己近期内想要达成的一项目标或完成的一项行动，建立行动档案。我的行动档案如表6-1所示。

表6-1　我的行动档案

时　　间	分目标	行动措施	行动结果
开始：			
结束：			

（2）探究与思考。

① 你为什么要达到这个目标？

② 你实现这个目标的意愿有多大？

③ 若这个目标无法达成，你会怎么做？

④ 为了实现这个目标，你愿意付出什么样的代价？

活动二　学期行动计划书

1. 实施目的

掌握制订学期行动计划书的方法，分析现实与目标的差距。

2. 实施步骤

（1）完成计划书。将具体的阶段目标分别填入表6-2，评估现实与目标的差距，制订、完善实施方案，逐步完成目标。

表6-2　学期行动计划书

起止时间	阶段目标	实施方案

（2）探究与思考。

① 查看自己制订的学期行动计划书，你觉得可行吗？

② 你是否能够完成这一学期行动计划书？你打算怎么做？

活动三　畅谈人生

1.活动目的

通过化装表演、人生演说活动，帮助学生树立远大理想，引导学生为实现自己的美好理想而从现在做起。

2.活动过程

（1）引入主题活动。教师导语：理想是灯塔，指引人生前进的方向，照亮人生行进的路程。一个人没有理想，就像鸟儿没有翅膀，就像枪没有准星。亲爱的同学们，你们也一定有自己美好的理想吧？那么你们的理想是什么？（待学生回答后）不知你想过没有，20年后的你会是什么样子？

（2）表演、演说活动。学生分别扮演摄影记者、水稻专家、文学家、大公司总裁（西装革履）、清洁工（身着工装，带着扫除工具）、将军（身着军服，胸前挂着勋章，向大家行军礼）等上场。

（3）引导学生立足现实，为实现自己的理想而努力奋斗。有了美好的理想，就要有奋斗的目标。此时此刻，请大家思考一个问题：为了实现自己美好的理想，你现在应该怎么做？

（4）思考与调查。今天的理想无疑会影响明天的成就，问一问长辈们当年的理想，再看看他们现在的成就，通过统计数据看看有没有什么规律。

（5）交流园地。请每个学生说出两个理想，然后互相提问，为什么要做这样的选择？记下结果，看看哪些职业是学生最愿从事的。

参 考 文 献

[1] 柳君芳，姚裕群．职业生涯规划 [M].3 版．北京：中国人民大学出版社，2018．

[2] 蒋乃平．职业生涯规划 [M].4 版．北京：高等教育出版社，2019．

[3] 陈桂芳，常小芳．中职生就业指导 [M].2 版．北京：机械工业出版社，2016．

[4] 颜苏勤．中职生心理健康 [M]．北京：高等教育出版社，2018．

[5] 彭志斌，梁丽媚．中职生心理健康教育 [M].2 版．广州：暨南大学出版社，2015．

[6] 宁选应，何本凤．中职生职业素养教育 [M]．北京：北京师范大学出版社，2016．